戦争の日本近現代史

東大式レッスン！
征韓論から太平洋戦争まで

加藤陽子

講談社現代新書

目次

※引用に際しては、読みやすさを優先して、カタカナ文をひらがな文として、句読点を付し旧字を常用漢字に改めるなどの措置をとった。引用文中の筆者による注記は〔　〕で示した。また、本文中には、今日の視点では民族差別を反映すると考えられる表現も登場するが、当時の意識を正確に伝えるための引用的な用法であるため、そのまま用いている。諒とされたい。

第一講

「戦争」を学ぶ意味は何か

講義の内容

まず、この本（講義）でお話しする内容を簡単にまとめたシラバス（syllabus＝講義要目）をご覧ください。

> **シラバス**　基本的には、明治維新から太平洋戦争までの時期を対象として、近代日本と戦争について、わたくしの考えてきたことを述べますが、この本（講義）は、研究書を水割りしたような概説ではありません。近い過去を分析対象とする近代史では、対象をどのような視角でとらえるかが、とても大切です。よって、本書では、日清戦争からあとは、十年ごとに戦争をしていた観のある近代日本を歴史的に考えるために、戦争にいたる過程で、為政者や国民が世界情勢と日本の関係をどのようにとらえ、どのような論理の筋道で戦争を受けとめていったのか、その論理の変遷を追ってみるというアプローチをとります。

為政者や国民が、いかなる歴史的経緯と論理の筋道によって、「だから戦争にうったえなければならない」、あるいは、「だから戦争はやむをえない」という感覚までをも、もつようになったのか、そういった国民の視角や観点や感覚をかたちづくった論理とは何なのか、という切り口から、日本の近代を振り返ってみようというのが、本書（講義）の主題となります。

　このような切り口に、なぜ意味があるのかについては、第一講の後半部分でお話しすることにして、まずはシラバス二行目から三行目の、研究書を水割りしたような概説という部分に注目してください。これは概説書一般を否定するために書いたものではなく、本来は専門的な分野に問題を絞りこんで書かれた研究書や論文を、講義用にやさしく言い換えただけの話にはするまいという自戒のために書いたものです。やさしく言い換える過程で、いわば水割りを薄めすぎたりすると、研究書や論文が、その生命として本来もっていたはずの視角の切れ味も失われてゆき、ついには、たとえば、高等学校で使っていた日本史教科書などを単に詳しくしただけのものになってしまうおそれがあると思うからです。

歴史には「出来事」のほかに「問い」がある

　では、研究書を水割りしたような概説書や、逆に教科書を水増ししたような概説書が、なぜ問題なのでしょうか。たしかにそれらの書物は、歴史の「出来事＝事件」については詳細に説明しています。しかし、そのような書物は、歴史には「出来事＝事件」のほかに、「問題＝問い」があるはずだということに気づかせてくれないからです。その「問題＝問い」は書かれることはなく、その存在すら読み手に気づかせてくれないまま、説明が続いていきます。

吉野作造

その「問い」とは、たとえば吉野作造が一九二七（昭和二）年に発した有名な「問い」です。「永い間の封建制度に圧せられ、天下の大政に容喙《ようかい》することを一大罪悪」と教えこまれてきた我々の父祖が、なぜ近代になると政治を国民自身の仕事と考えるようになったのか、明治初年にあって、万機公論、天賦人権などの発想に、人々がどうしてそれほど容易に飛びつくことができたのか、と吉野作造は問うています（「我国近代史に於ける政治意識の発生」）。そこにあったはずの跳躍を可能としたのは何だったのかという問題は、時代が大きく変化し躍動するようなときには、必ず出てくる類《たぐい》の問いでしょう。

またあるときは、フランス革命後の状況について、トルストイの発した「問い」であったりします。――この二十年間、広大な田野は荒廃にゆだねられ、家々は焼かれた。そして、同胞に対する愛の法則を奉じている、いく百万のキリスト教徒は、互いに殺し合うのであった。これらの人々に家を焼かせ、同胞を殺させたものは何であろう?――(『戦争と平和』エピローグ第二篇)。

キリスト教徒が殺し合うような革命的状況がなぜ起きたのか、というこの問題について、自分を納得させる説明を用意できなかった歴史家に対し、トルストイはいたく立腹しました。その結果どうしたかといいますと、彼は当時の平均的な学校教科書の文体を戯画化して、次に引くような文章を書いてしまいました。文豪がこのような振る舞いに出ると、その皮肉の過激さたるやもう右に並ぶものはありません。ここでのトルストイは、日露戦争にあたって、「悔い改めよ」との文章で戦争否定論を説いたことで有名な、あのトルストイとはまた別の顔をみせています。

ルイ一四世は、非常に高慢で自信の強い人であった。彼にはあれこれの妾がいた。またあれこれの大臣がいた。彼らはフランスに悪い政治をしいた。ルイ一四世の後継ぎもか弱い人々で、彼らもフランスに悪い政治をしいた。彼らにもあれこれのお気に入りがあり、あれこれの妾がいた。そのほかに、いく人かの人々がこの頃、本を書いていた。しかし一八世紀の終りには、パリに、すべての人間は自由で平等であるといいはじめた二、三十人の人が集まっていたにちがいない。そのため全フランスで、人人は互いに殺し合うようになった。また互いに川に投げ込むようになった。
（『戦争と平和』エピローグ第二篇、ただしバーリン著『ハリネズミと狐』からの引用）

悪い政治があり、あれこれの妾がいて、いく人かがパリで本を書けば、人々は殺し合って互いに川に投げ込む、などと教科書の書き手たちが信じていたとは到底思えませんが、要約すればたしかに、これと同様のことを結果的には述べているといわざるをえない概説書も、教科書もありそうです。つまり、深いところで人々を突き動かした力は何だったのかについて、説明していない点に不満がのこるのです。

吉野やトルストイが発したような、歴史に埋没した「問い」を発掘するためには、精力的な史料発掘と、それを精緻に読みこむ努力が絶対に必要ですが、ここにも難しい問題があります。E・H・カーはその点につき、三十年も前に次のように指摘していました。史料というものは、「深いところで作用して、おおくの混乱やら妥協やらを生みだすもとになった、さまざまな力についてはなにも語ってくれないばかりか、かえってこれをみえにくくする。ところが、煎じつめたところ、歴史家が最終的にもっとも関心をもつのは、こうした深部の力なのである」（『ナポレオンからスターリンへ』）。

史料はそれ自体では、歴史を動かす深部の力について何も答えてくれないと、カーは述べています。にもかかわらず、歴史を動かす深部の力について、史料を用いて考えなければならないのが、歴史の研究であるともいっています。

知の型の変移

吉野作造とトルストイ、この二人の発した問いは、カーにいわせれば、まさに歴史の研究にあたいする問いでしたが、二人に共通して流れていたのは、国民や市民のレベルで巨大な認識の変化が起こる際に、それはどのような歴史的経緯と論理から起こるのかを明確に知りたい、との激しい欲求だったと思われます。好奇心、探究心と言い換えてもいいかもしれません。この点に関して、対象を国民や市民ではなく、もう少し限定して、学術や思想に携わる人々、つまり学者たちに限定して、すでにこの問題を考えた知識人がいました。ミシェル・フーコーです。

ある特定の時期に、ある特定の学問の領域で、急激な認識の変化が起こるのはなぜなのかとフーコーは問いかけて、一八世紀と一九世紀の医学書を丹念に比較しました。

一七五〇年に出版された医学書は、現代のわたしたちからすれば、ちんぷんかんぷんでじつに滑稽な民俗学の対象です。ところが、その七〇年後の一八二〇年ごろになりますと、一転して医学書は〔中略〕現代と同じ型の知に属しているように思えます。たとえばこのふたつの医学書をへだてているのが、わたしのいう断層です。〔中略〕そしてわたしはつぎのように自分に問いかけたのです。〔中略〕「知のあるひとつの型から知の別の型へ、移行が行われるのにどうしても必要な変換作用とは、どのようなものであったのか」と。

（『新装版　ミシェル・フーコー　1926―1984　権力・知・歴史』）

なぜ、たった七十年間でこうした劇的な変化が起きたのでしょうか。フーコーは、この事例について、二つの理由から説明しました。政治的には、フランス革命とその後のナポレオン戦争が背景となって、第一には、全国的に画一性をもった地誌研究・気象的観察・流行病の報告などから臨床医学研究が盛んになり、医学が全体的な包括性をもった知の体系となったこと。第二には、屍体解剖のタブーが薄らぎ、臨床教育と病理解剖学が経験的に結びつけられるようになったこと。これらの要因によって、劇的な変化が起きたと説明しています。

歴史を学ぶ意味

歴史には「出来事＝事件」だけではなく「問題＝問い」があり、そのような「問い」のかなりの部分は、時代の推移とともに人々の認識や知の型が、がらりと変わるのはなぜなのか、あるいは、人々の複雑な行動を生み出すもととなった深部の力は何なのか、この二つの問題を考える点に集中する、とまとめられそうです。

では、こういった問いに気づくことは、大学で学ぶ学生や社会に生きるわたくしたちにとって、どのような意味があるのでしょうか。また将来、歴史学を専門とする者や、歴史愛好家だけではなく、なぜ一般的にも歴史を教養として学ぶ意味があるのでしょうか。

フーコーは医学書を取りあげて分析しましたが、これと同じように、ある特定の時期にある特定の学問の領域で、急激な認識の変化が起こるのはなぜなのかと問いかけてみることは、ある研究領域の過去の研究史をまじめに考えたい人間にとって、また、たとえば、ある領域で生産されてきた過去の製品開発の過程をまじめに考えたい人間にとっては、不可欠の作業となるでしょう。社会のなかで生きる人間、その人間の認識の変化に「明白な差をつくりうるのは、どのような根本的経験なのであろうか」(『臨床医学の誕生』)。フーコーが発したこの「問い」について考えることは、後進の者が新たな研究領域に参入したり、新製品の開発に参加したり、新製品の営業に従事したりする際に、自己の研究・新製品・販売戦略のオリジナリティを見出すための、また見出す契機がどこに隠されているのかを知るための、羅針盤を手に入れることを意味します。

「語るものと、語られるものとの間の、位置と姿勢の関係が変った」(同書)時期についてフーコーが興味をかきたてられたのは、なぜでしょうか。それはおそらく、ある学問に従事する人間が、その学問対象を先人たちがどのようにとらえ、どのように叙述してきたのかという問題を考えることによって、逆にこれまで「考えられてこなかった」学問の対象領域が何だったのかが明白になり、さらには、考えられてこなかったものがなぜ急に考えられるようになったのか、そしてそれは何を契機としたのかが、はっきりとわかるからでしょう。ここでいう「学問」の部分を、「職種」や「製品開発」などの単語に置き換えて読んでみれば、フーコーのおこなった作業が実は珍しいことではなく、社会を構成するほとんどの人々が、日常的に無意識にやっている作業だと気づかれるはずです。

このようにみてくると、歴史学というのは、社会を構成する人間の、ある時期における認識の変化をもたらす要因について、かなり総合的にとらえうる学問だといえるのではないでしょうか。歴史学の手法や考え方が、社会に生きる我々に提供するものはかなり大きいはずだと、自信をもって見通せそうです。

近代の戦争

では、戦争にいたる過程で、為政者や国民が、世界情勢と日本の関係をどのようにとらえ、どのような論理の筋道で戦争を受けとめていくようになったのかという問いから近代をみるという視角に、なぜ意味があるといえるのか、その点に絞って話を進めていきましょう。

冒頭に掲げてあるシラバス＝講義要目において、わたくしは、戦前期の日本が、あたかも十年おきに戦争をしてきたような国であると書きました。たしかに、日清・日露両戦争の開戦日と第一次世界大戦の宣戦布告の日、講和条約調印の日で戦争期間をくぎって示せば、次のようになります（なお、日清戦争の宣戦布告は八月一日、日露戦争は二月十日でした。一九〇七年の第二回ハーグ平和会議で「陸戦に関する協約」が採択されるまでは、宣戦布告をもって戦争開始とする考えはなかったので、開戦日と宣戦布告の日は一致しないことも多くありました）。

日清戦争　一八九四（明治二十七）年七月二十五日〜一八九五年四月十七日
日露戦争　一九〇四（明治三十七）年二月六日〜一九〇五年九月五日
第一次世界大戦　一九一四（大正三）年八月二十三日〜一九一九年六月二十八日

開戦の年でみれば、たしかに十年おきに戦争が起きていることがわかります。この後、満州事変までしばらく平穏に過ぎますが、一九三一（昭和六）年九月十八日に起きた満州事変と、四一年十二月八日に勃発した太平洋戦争は、やはり不幸にも十年ごとになっています。

ここで強調しておきたいのは、十年という数字ではなく、この時代が戦争につぐ戦争の時代であったという事実の重みについてです。しかも戦争技術の発達、兵役義務の負担増、戦時特別税などの負担増によって、国民はますます巨大な犠牲を強いられてゆきました。ただこの苛酷な時代は、同時に、経済の発達、初等教育の普及、衆議院議員選挙権者の拡大などにともない、国民の政治意識や権利意識もしだいに成長をとげつつあった時期でもありました。戦争に関する負担が増大する一方で、犠牲を強いられる国民の内面には、国家や社会に対するさまざまな批判精神が育っていったという構図が描けます。戦争と国民のあいだの摩擦係数は、しだいに高くなってゆくはずでした。

戦争を受けとめる論理

入江昭は『日本の外交』において、近代日本の外交思潮の特徴を二つ挙げています。一つめは、「政府の現実主義」と「民間の理想主義」（この理想主義は、ときに冒険的ともいえる対外硬論となります）と表現されるべき外交思潮のパターンが、日露戦争の時期までにほぼできあがったということです。二つめは、こうしたパターンが日露戦争後の国際情勢の激変によってくずれてゆき、日本人の外交観念にはしだいに、現実の国際政治とのずれが生じていったということです。人々の、世界情勢と日本の関係のとらえ方に最も関係する外交思潮にも、時代によって大きなうねりのあったことを、ここでおさえておきましょう。

さらに、戦争そのものの意味や定義も、時代とともに変化しました。第一次世界大戦後、「政治におけるとは異なる手段をもってする、政治の継続にほかならない」とクラウゼヴィッツが定義した意味での古典的な戦争は許されなくなり、自衛か制裁目的以外の戦争は、しだいに違法化されてゆく傾向となりました。しかし一方で、第一次世界大戦は、まぎれもなく総力戦時代の到来をも告げた戦争でした。そうであれば、次の戦争は、軍事・経済・思想など、国家のあらゆる力を動員した激烈な総合戦をその実態としながらも、その形態としては、自衛のための戦争か、制裁のための戦争、という様式を装おうようになることが予想されました。

そして現実に、外交思潮の変化と戦争の意味づけの変化という、少なくとも二つの変化を背景に置きながら、巨大な犠牲を、国民、そして交戦国の国民に強いる戦争が、何度も遂行されてきたのです。このような流れのなかで、為政者や国民は、世界の諸問題をどのようにとらえていたのか、あるいは、ある国家と日本のあいだに緊張感が高まり、戦争にいたる過程で、どのような論理の筋道で、それぞれの戦争を受けとめていったのか。これは興味深い「問い」となると、わたくしは考えています。

ある一つの戦争が、講和条約の締結によって人々の記憶から忘れられたり、次の戦争がまたゼロの地点から始まったりする、などということは、およそ日本においては考えられないことでした。一つの戦争は、次の戦争とさまざまなかたちで結びつけられました。戦場と事変の勃発地点が重なり合うということで、日露戦争の記憶と満州事変の意義が重ね合わされて語られる一方で、日露戦争の戦死者の遺児が日中戦争に出征して負傷兵になったという家族を顕彰して、士気が緩みがちな日中戦争に日露戦争の栄光をすべりこませたりすることは、常態的になされていたことでした。

いわば、戦争で戦争を語る、戦争で戦争を説明するという行為が、自然に日常的になされていたのが、戦前期までの日本社会であったといえるでしょう。このような社会を前提とするとき、太平洋戦争だけを取りあげて、「なぜ、日本は負ける戦争をしたのか」との問いを掲げてみても、「正しい問い方」をしたことにはならないのではないでしょうか。近代の歴史のなかで、何度も繰り返されてきた一つひとつの戦争に対して、「なぜ、戦争になったのか」との問いを反復的に設定して初めて、戦争の相互性のなかで、戦争をとらえることが可能になると思われるからです。そして、「なぜ、日本は負ける戦争をしたのか」「なぜ、日本は無謀な戦争に踏みきったのか」といったような問いが、なぜ「正しい問い方」をした問いでないかといえば、そうした問いは、もし日本が戦争に勝利していたとしたら問われることのない地点から発せられている問いだと思われるからです。このような問いに期待される答えは、誰もが納得しそうなことですが、天皇・軍部・国民（世論）の三要素のいずれかにその責任を帰するか、三要素のうちの二つを取りあげて、その関係の日本的特殊性にその責任を帰するか、の選択肢のなかにしか存在しないからです。

帝国日本に関する著作である『植民地』のなかで、マーク・ピーティーは、「近代植民地帝国の中で、これほどはっきりと戦略的な思考に導かれ、また当局者の間に（島国としての安全保障観に関する）これほど慎重な考察と広範な見解の一致が見られた例はない」国として、第一次世界大戦期までの日本を特徴づけました。安全保障の観点からの戦略的かつ慎重な考察、当局者のあいだでの広範な見解の一致が、日本の特徴であると仮に認めるならば、次のような「問い」が浮かんできます。すなわち、国民が誰しも抱くような疑問――なぜ軍事費を出し惜しみしてはいけないのか、なぜ清国を敵としなければならないのか、なぜロシアと戦わなければならないのか、なぜ中国と長い戦争をしているのか――に対する答えとなるようなさまざま論理が、為政者あるいは国民自身の手によって、周到にもしくは急速に形成され、準備されていったはずではなかったか、と。

本書が最終的に描こうとしているのは、為政者や国民が、「だから戦争にうったえなければならない」「だから戦争をしていいのだ」という感覚をもつようになり、政策文書や手紙や日記などに書きとめるようになるのは、いかなる論理の筋道を手にしたときなのかという、その歴史的経緯についてです。人間として生まれた以上、喜んで戦争を始めたり、喜んで戦場に赴いたりする者は少ないはずです。また、戦争には相手国が必要ですから、相手国と日本の戦力差に対する冷静な認識も、当然のことながらあったでしょう。しかし、国民の認識のレベルにある変化が生じていき、戦争を主体的に受けとめるようになっていく瞬間というものが、個々の戦争の過程には、たしかにあったようにみえます。それはどのような歴史的過程と論理から起こったのか、その問いによって日本の近代を振り返ってみたいのです。

人々の認識に劇的な変化が生まれる瞬間、そして変化を生み出すもととなった深部の力をきちんと描くことは、新しい戦争の萌芽に対する敏感な目や耳を養うことにつながると考えています。

本書の構成

明治初年の時点に立ってみると、近代日本が最初に直面した対外戦争である日清戦争は、はるか二十年以上も先のことです。日清戦争は、東アジアに激震をもたらしただけでなく、もちろん日本という国家、日本人自身をも大きく変化させました。近年のある優れた研究は、日清戦争によって、普通の人々が戦争を通じて初めて異国に接した結果、「日本人意識」が生じたこと、また戦争遂行のための義捐金募集に応じることや、祝捷《しゅくしょう》会準備に主体的に参加していくことなどを通じて、近代的な「国民」が誕生したことに注目しています。

このような視角は、たしかに大切です。しかし、異国に接した途端に兵士のなかで日本人意識が強烈に喚起される、その精神的な仕組みについて、あるいは、戦争遂行のための地域での取り組みに人々が熱心に参加していく、その精神的な仕組みについて、歴史的に考えることも大切でしょう。

ですから、戦争そのものは起こりませんが、維新期から日清戦争が始まるまでの時期を第二講から第四講で三回に分けて記述し、そのあとは、第五講で日清戦争、第六講で日露戦争、第七講で第一次世界大戦、第八講で満州事変、第九講で日中戦争から太平洋戦争への拡大過程を扱うようにしました。

【第一講の参考文献】

吉野作造「我国近代史に於ける政治意識の発生」、『吉野作造選集 11』、岩波書店、一九九五年
三谷太一郎編『日本の名著 48 吉野作造』、中央公論社、一九七二年（中公バックス、一九八四年）
トルストイ『戦争と平和 4』、米川正夫訳、岩波書店、一九八四年

バーリン『ハリネズミと狐』、河合秀和訳、岩波書店、一九九七年
間宮陽介『丸山眞男　日本近代における公と私』、筑摩書房、一九九九年
E・H・カー『ナポレオンからスターリンへ』、鈴木博信訳、岩波書店、一九八四年
福井憲彦ほか編『新装版　ミシェル・フーコー　1926—1984　権力・知・歴史』、新評論、一九九七年
ミシェル・フーコー『臨床医学の誕生』、神谷美恵子訳、みすず書房、一九六九年
入江昭『日本の外交』、中央公論社、一九六六年
クラウゼヴィッツ『戦争論　上』、篠田英雄訳、岩波書店、一九六八年
マーク・ピーティー『20世紀の日本4　植民地』、浅野豊美訳、読売新聞社、一九九六年
檜山幸夫編著『近代日本の形成と日清戦争』、雄山閣出版、二〇〇一年

※なお、参考文献は初出の場合に詳細を記し、二度目以降は著者名あるいは編者名と書名のみとした。

第二講
軍備拡張論はいかにして受け入れられたか

攘夷論が新政府にもたらした負の遺産

天下の大政に容喙してはならないと教えこまれてきた人々が、なぜ短期間で「政治をもつてわれら自身の仕事なり」と認識するまでになったのかという問いに対して吉野が出した答えを、未だ検討しておりませんでした。

吉野の答えをみようとするのは、本講義のライトモチーフであります、戦争を受けとめる論理が歴史的に形成されてゆく最初の部分を、明らかにしうるからです。第一講でふれた吉野の論文「我国近代史に於ける政治意識の発生」をみていくことにしましょう。吉野は例によって切れ味鋭い論理を展開しており、近代的政治意識の発生を促した第一の原因を、当時の政府が率先して「政道」＝政府のめざす政治方針を民間に隠さず解放した点に求めていました。

では政府は、なぜ急に「政道」を民間に解放したのでしょうか。吉野の説明ぶりは奇抜ですが、たしかに説得的になされています。周知のように討幕派は徳川幕府を攻撃するため、「鎖港攘夷を一枚看板にして」、民間の志士の攘夷熱をおおいに煽ってきた側面がありました。しかし彼らが政権についたときの国際情勢は、諸外国と和親の方向で進むしか選択の余地のないものでした。そうであれば、みずから煽った攘夷熱の始末をどうつけるかが、新政府の真っ先に対処すべき問題となります。少し前まで攘夷の実行を幕府にせまり、公武合体で事態を乗りきろうとした幕府を「私心」のあるものとして糾弾し、「公儀」としての幕府の権威、正統性を効果的に奪ってきたのは、新政府を担う人々にほかなりませんでした。

そのため、現政府の当局者は単に幕府を倒す口実として攘夷を唱えていただけだったのではないかとの非難が、在野に生じます。このような情勢に対して、新政府の正統性への疑念を封ずるため、新政府は「公道」の観念を援引して、みずからの新しい政治方針を説明せざるをえなかったのだと吉野は解説しています。

我々は外人を夷狄禽獣《いてききんじゆう》と思つてゐた、だから之等の者と交るのを快しとしなかつたのだ、然るによく聞いて見ると、彼等にも宇内の公義の理解があると云ふ、而して我々に対《むか》つては天地の公道を以て交らうと云うて居るさうだ、然らば我々も亦彼等を待つにその所謂公法を以てすべきではないか、猥《みだ》りに之を排斥するは古来の仁義の道に背《そむ》くのみならず、又恐らくは彼等の侮を受くることにもならう。（前出論文）

ここで新政府の説く「公道」とは、万国公法すなわち国際法のことでした。しかし今後、政府は国際法を遵守しますとアピールするだけでは、世間の疑念はそれほど容易に晴れなかったはずです。そこで政府は大胆にも、攘夷は「古来の仁義の道に背く」のだとまでいいきって、国際法というものに対しては、あたかも道の教えに従うのと同じ敬虔な態度で従うべしと国民に説明した、というのが吉野の分析です。

この分析で面白いのは、明治初年の人々があれほど急に近代的政治意識を身につけられた理由として、窮地に立たされた政府が、みずからの置かれている状況について国民に率直に披露したからだと喝破した点です。またその反面、政府が国民を説得する際、いわば新しい思想を古い皮袋に入れて提示してみせたがゆえに、迅速に新思想が国民に浸透していったというパラドックスをも同時に語ってみせました。政府の巧緻と政治意識の進歩の関係を公平に書くところが、吉野の分析に深みを与えたといえるでしょう。

吉野の論文は、万国公法の日本への普及伝播の過程を分析した実証部分に真骨頂があり、ここで紹介した部分は一番奇抜な論理展開の部分ではあります。むろん、近代的政治意識の発達について、この論点だけから説明した吉野を批判することは、現在の研究水準からいえば容易なことです。近代以前においても、地域共同体の運営を通じた政治的才覚が民衆の側に育っていたことや、日本近海への列強の接近に対する危機感が、幕府や大名のみならず、市井の人々にも高かったことが明らかになっているからです。

たとえば、一八〇六(文化三)年から翌年にかけては、日本との通商を拒否されたロシアによる樺太・択捉《えとろふ》などへの襲撃事件が相次いでいました。とくに択捉事件のときには、南部・津軽藩兵とロシア側が交戦し、日本側が退却を余儀なくされており、幕府はその簡単な経緯を諸大名に報じていました。ロシア船蝦夷地襲撃の噂はまたたくまに広がり、風聞・流言も全国的にみられたため、蝦夷地での騒動の噂を禁じた町触も出されています。支配階級以外の書状などにも、「日本国の大恥」「異国之物笑《ものわらい》」などと、幕府の軍事面での失点を非難する言葉がみられるようになっていました。

しかし、たしかに吉野のいうように、新政府内の明敏な者は、かつての攘夷論と新政府の正統性が天秤にかけられている点に自覚的であり、そのことに危機感をもっていました。この点は史料からも確認できます。

一八六九(明治二)年二月の岩倉具視意見書「外交之事」からは、当時、議定兼輔相であった岩倉が、おおよそ次のような判断をしていたことがわかります。――朝廷に政権が移れば天下の人は、必ず攘夷の令が下ると考えただろう。しかし、どうしたことか、政府は、イギリス・フランス・オランダ・アメリカなどの公使を参朝させている。これでは人人が、朝廷が先に攘夷を主張したのは「畢竟《ひっきょう》幕府を倒さんが為の謀略なり」とみてもしかたがないではないか。今日、政府がなぜ外国と交際を開かざるをえないのか、その理由を了解する者は天下にほとんどいないはずである。これは問題ではないか——。

このような危機感を抱いて政府は、国民と対外関係の両方をリアルにみつめて、改革をスタートさせたのでした。攘夷論といういわば負の遺産が、一方では新政府に大胆な施策をとらせ、他方ではその施策の実施段階での工夫によって、人々のあいだに対外的危機に敏感な近代的政治意識を急速に浸透させていったということでしょう。

福沢諭吉の見方

さすがに岩倉ほどの政治家であれば、維新政府の欺瞞に気づいておりました。また吉野作造も政府の陥った窮地に自覚的であったからこそ、これまで述べてきたような視角で論文が書けたのでした。しかしここで付言しておきますと、岩倉と吉野のほかにも、政府の陥っていた窮地に自覚的だった同時代人がいました。福沢諭吉です。福沢は自覚的だっただけではなく、維新以前にあって攘夷論を煽った人々を、ある事と比較して「やむをえないことであった」と述べて、ある意味で許してさえいました。

それは福沢が、一八八一(明治十四)年十月に刊行した『時事小言』のなかの、租税をより安くできるから国会を開くのだといって国民を騙している国会開設論者を批判している部分に出てきます。人間の「私情」にうったえて、いたずらに民心を惑わすことは許されないことだ、と述べている部分で、攘夷論を引証しています（「第二編　政権之事　附国会論」）。次のような文脈です。

維新前、世の有志者などという者は、しきりに尊王攘夷の説を主張して天下の民心を籠絡して幕府を倒した。その攘夷論は維新後ぱったりと消滅してしまい、血気の壮年は、あたかも「他人に売られたるの思」がして、おおいに新政府に不平を抱いた。しかし、これは「兵馬の大挙」であって、強大な幕府を倒すためにやったのであれば、「人を瞞着する」道理があったともいえる。しかし、租税を安くするため国会を開くのだといって、それが実行できなかった場合、この問題は攘夷論とは違って、「徹頭徹尾、道理に基て腕力に依らざるものなれば、其道理中に苟《いやしく》も人を欺き人を売るの元素」があったとすれば、国会開設論者の進退はきわまる――と論じていました。

ここにもう一人、新政府にとっての負の遺産に自覚的であった同時代人がいたわけです。このような記憶力のよい観客を前にして、政府は対外関係をいっそう冷静な態度で構築してゆかざるをえない立場に立たされることになります。第一講でふれた、

福沢諭吉

外交思潮における「政府の現実主義」というのは、以上のような負の遺産と密接に関係しながら誕生するわけです。

当局者のロシア観

明治初年のころ、各省ではさまざまな制度や政策を構想していましたが、その際、構想実現のためには、太政官へ上申し、その案を採用してもらうことが不可欠でした。それでは、そのような建白書の類は、四囲の列強の動きを、いったいどのような切り口から語っていたのでしょうか。

一八七〇(明治三)年五月、兵部省のおこなった建白「至急大《おお》いに海軍を創立し、善く陸軍を整備して護国の体勢を立べきの論」には、次のような切り口がみられます。要約しておきましょう。――最近、各国交際の道が開けて、国々は外面では「公議」を唱えているが、内面では「私心」を逞しくして、他国を併呑したり貿易港を力によって開かせたりしている。よって各国においては陸海軍を増強してこれに備えている。このような動きは、つまるところ万国公法の「自護の権」を大きくしようとしている行為なのである――。

この時期、自衛権という言葉は、未だ翻訳語としては定着しておらず、「自護の権」と表現されていましたが、自衛権が万国公法で認められているのだから、陸海軍を拡張することは独立国家の権利であるとする主張がすでにみられる点に、ひとまず注目したいと思います。

この建白書と同じ時期に、太政官に提出された建白書「大に海軍を創立すべきの議」には、具体的に日本が最も警戒すべき相手国として、ロシアの名前が挙げられておりました。建白書の内容は、だいたい次のようなものです。――ロシアは、ヨーロッパとアジア、二つの大陸ににらみを利かせようとしている。ロシアは、太平天国の乱と、アロー号事件の対応に清朝が苦しんでいた一八五八年、清にせまって愛琿《アイグン》条約を締結させ、黒龍江（アムール川）以北の満洲〔注1〕の地を割取してしまった。このような歴史的事実から、ロシアは「実に皇国に於て戒心すべきの第一」の国である――。

一八〇七（文化四）年のロシアによる択捉襲撃を知った平田篤胤が、『千島の白波』で早くもロシア問題を提起していたことからもわかりますように、文化年間からの五十年は、日本の対外関係がロシアの来航をきっかけとして、イギリス、中国、アメリカへと拡大していった時期でした。一八六一（文久元）年四月（旧暦二月）には、ロシア艦ポサドニック号が対馬芋崎浦を一時占拠するという事件が現実に起きていました。幕府は外国奉行小栗忠《ただ》順《まさ》を派遣して、ロシア側との交渉をおこないましたが、ロシア艦を退去させることはできませんでした。結局、イギリス艦隊が対馬に急行して強硬に抗議した結果、イギリスの武威に屈したロシアが九月に退去したために、実際に占領されることにはなりませんでした。しかし、日本側にとってロシアは、樺太から南下して朝鮮半島に侵入するのではないかとの危惧とともに想起されるようになります。このようにロシア問題というのは、明治初年にあっては最も近い危機として記憶されるものでした。

しかし、ここでは注意すべき点があります。そもそもロシアが対馬を占拠しようとした理由は、一八五九年にイギリスが対馬沿岸の測量をおこなったことに対し、ロシア側が危機感をつのらせたからでした。イギリスに後れをとるまいとするロシアの態度だけが日本側に警戒されてゆくのですが、そこにはイギリス公使パークスのもたらしたイギリス寄りの情報や世界観が、日本の為政者や国民に影響を与えていたという背景もありました。

対ロシア観の最後として、一八七一（明治四）年十二月二十四日付、兵部大輔山県有朋・少輔河村純義・少輔西郷従道の三名連署による建議に記された四囲の情勢認識をみておきましょう。ここでもロシアは「驕傲猖獗《きょうごうしょうけつ》」であるとか、「北門の強敵」などと表現されており、すでに恐れられる存在でした。驕傲猖獗というのは、ほしいままにふるまい、勢いが盛んなさまをいいます。驕傲というのは具体的には、クリミア戦争（一八五三～五六年）で、イギリス・フランス・トルコなどの連合軍に敗北した結果、黒海を武装化する権限を失った（一八五六年のパリ講和条約、黒海中立化条項）にもかかわらず、普仏戦争でヨーロッパが混乱していた一八七〇年十月、黒海中立化条項の破棄を一方的に宣言したようなロシアの振る舞いを指しているようです。また、清国の混乱の渦中に、愛琿条約により黒龍江以北の満洲を奪った行為も念頭に置き、このように表現したものでしょう。

ここに記されたロシアの対外態度については、オーストリアで開催された博覧会に出席した佐野常民の文章のなかにも、まったく同様の記述を見つけることができます。日本は四囲を海に囲まれているから、ヨーロッパ諸国のような兵備を必要とするわけではないので、軍事費を無駄に使うのは理不尽であるとする議論をあらかじめ想定し、それに対する反論として書かれた部分に次のような記述があります。

北境を魯《ろ》〔ロシアのこと〕の大国に接するは、尤も憂ふべきなり。魯の近《ちかご》ろ海軍を東海に開くは人の知る所にして、又鉄路を亜細亜に通架するの業も既に着手すと聞けり。〔中略〕清英交兵の会に乗じて、黒龍江近傍の地を取り、全く該江通航の利を占めて、以て威を東海に張り、孛仏争戦〔普仏戦争のこと〕の際に投じて兵艦を黒海に置くの権を復し〔後略〕。

（『澳国博覧会報告書　兵制部』）

これまで、当局者ののこした文書から判明する限りで、日本の置かれた国際環境に対する認識をみてきました。そこからは、過去二十年のあいだに隣国ロシアが展開した外交方策や対外態度について、詳しく軌跡を追おうとする姿勢が顕著にみられます。ロシアの外交実態を史実として語るだけで、充分に危機感を醸成させることは可能だとの判断があったからでしょう。そしてそのような文書の最後には、次のような結論が導かれるのが常でした。――兵備を盛んにするというのは、国力を顧みずにいたずらに大兵を置いて戦争に走ることをいうのではなく、国力の許す範囲で兵備を整え、理を守って屈せず、義を忘れることのないようにすることをいうのである。一朝事が起これば、正々堂々と内外に臨めるように「国家の権利を護するに足るの力」を養っておくことをいうのである、と。

プロイセンの例

西欧列強に対して独立を維持する、という大目標が達せられるまでは、軍拡は国内のほとんどの政治勢力にとって、基本的に同意せざるをえない政策でした。しかしその際、油断することなく準備にいそしむ必要があるとの意識を不断に喚起させ続けるのは、なかなか容易ではなかったでしょう。そこで、普仏戦争（一八七〇～七一）を勝利で飾ったプロイセンの例が、さかんに引用されました。たとえば、ドイツ帝国議会における一八七四年二月十六日のモルトケ元帥の演説が、早くも七六（明治九）年の『内外兵事新聞』第二号・

第三号に紹介されています。『内外兵事新聞』は同年創刊の、軍事に関する一般的情報と言説のメディアでした。

さて、演説に関する情報は早いはずで、この演説原稿はもともと、先に言及しました佐野常民が、オーストリア博覧会に出席した際に、日本に持ち帰ったものでした。

即、千八百八年より十二年迄の戦の如き、我国の不幸にして其費す所幾多ぞや。彼の時に当り常備兵少く、兵役の期限も亦短く、軍費も亦僅少なり。而して拿破侖帝《ナポレオン》、此機に乗じ、小且《かつ》貧なる普魯斯《プロシア》より一億萬の償金を奪ひたり。是即自国の兵備を節約し、其十倍を他国の兵備に資するものと謂ふべし。（「独逸大元帥モルトケ氏兵制の議」）

つまり、普仏戦争でフランスに勝利したプロイセンでしたが、過去の敗北を噛みしめ、そのときのプロイセンの無念さを改めて思い出せと、モルトケは議会人にうったえていました。一八〇八年までのプロイセンが、軍事費を出し惜しみした結果フランスに敗北し、それだけではなく、その出し惜しみした十倍にもあたる一億二〇〇〇万フランもの賠償金を支払わされ、さらにその賠償金はといえば、のちにフランス軍の軍備を充実させるために使われたというのです。自国の賠償金が、敵国の防備を強くするために使われるとはなんたることであったのか、との歎きでした。

問題は、この演説のなされたのが一八七四年のドイツ帝国議会の席上だということで、軍事予算を議決する議会人を前に、祖国の英雄モルトケが大演説をふるって、少しでも軍事予算の削減を防ぎ、将来の軍事費の確保を図ろうとする構図がみえます。また、モルトケは当時のフランスの情勢にもふれて、フランスがドイツを模範として兵制改革をおこない、全国から兵を徴集するシステムを構築し、兵役期間もドイツの十二年よりも長い、二十年と設定している様子を述べています。普仏戦争に勝てたのだから、もう軍事費は必要ない、と主張しがちな議会人をさかんに牽制していました。

つまり「諸君能《よ》く内外の形勢を深察し、常徴兵四十萬一千人より減少すべきや否や、且年々其入費を与ふべきや否やを、速《すみやか》に決定せらるべし」といって、議会人に徴兵員数の削減と予算の減額をしないように、必死に善処を求めているモルトケの様子が、こと細かに日本に伝えられているという構図です。そして、モルトケの主張が認められたことも、『内外兵事新聞』は附録として載せています。

さらに、一八七九(明治十二)年五月十八日の『内外兵事新聞』第一九六号・第一九七号には「社説　陸軍費用論」が掲載され、普仏戦争に敗北したフランスを反面教師として、日本も軍事予算を増やすべきだとの論説が展開されています。この時代の人間にとっては、普仏戦争は過去のことなどではなく、熱心に学習する対象でした。普仏戦争によって、来るべき戦争に備えるという構図です。ここでは、七四年時点のドイツが、過去のみずからの敗北を題材にして論じていたのと同じ論理構成がとられています。現代語訳してその要点を載せておきましょう。

フランスは最初から守勢の姿勢で敗けたので、兵器などの損耗が甚だしかった。それだけでなく、戦争で焼けた家、損害を受けた民衆への扶助料、そのほかドイツ兵の給養費、またドイツへの賠償金など、合算すれば実にフランスが支払ったのは百四億フランに上った。これを日本円に直せば二十億千万円に相当する。〔中略〕よって、戦争前に、陸軍軍事費を減額して経済発展のためにその分をまわし、そのときはよくても、いったん戦争になれば経済にまわした分はあっという間に消尽されてしまう。それだけでなく、土地も割譲しなければならないし、賠償金を捻出するための国債も増発しなければならない。これは欧州各国にたくさんの例がある。このような危険は実は東洋にもあって、近くは支那〔注2〕・朝鮮の例をみればわかる。

ここで注目されるのは、経済への悪影響を心配して平時の軍事支出を削減しても、ひとたび戦争に敗けてしまえば莫大な賠償金を支払わねばならないので、平常の軍事費を削減してはいけないのだ、という論理になっている点です。中国が列強から膨大な賠償金支払いを要求されて弱体化したことなども、痛切に想起されているのでしょう。経済・産業の発展のためとして軍事費を惜しむことは、国家百年の計としては不可であるというわけです。普仏戦争におけるプロイセンやフランスの例が、明治初年にさかんに引用されていることは、注目にあたいすることでした。

民兵ではなく徴兵を！

帝国主義の時代は普通、一八八〇年代から第一次世界大戦までをカヴァーする期間と考えられています。フランスがチュニジアへの、イギリスがエジプトへの軍事介入をおこなったことによって、アフリカの再分割が始まり、世界の列強は帝国主義の覇を競い出すことになるのですが、これまで論じてきたのは、その少し前の時代のヨーロッパについてでした。帝国主義時代に突入していないとはいえ、基本的にヨーロッパの国々は、強大な兵力を保持しようと懸命になっていました。兵力量を増やすためフランスやプロイセンでは、徴兵制度の服役年限を長期化させる傾向がみられました。たとえば仮に、一年に五〇万の現役兵を徴集し二年間服役させるとすれば、その国の兵力は一〇〇万人ということになりますが、三年間服役させれば一五〇万人の正規兵が得られることになります。兵役期間を一年間延長しただけで、このようなことが可能になります。

この点について、マルクスとの連名で出版した『共産党宣言』（一八四八年）で有名なエンゲルスが、非常に面白いことをいっています。それをちょっとみておきましょう。一八六〇年のプロイセンの軍制改革についての紛議から筆を起こして、エンゲルスは次のように述べたのです。

プロイセンのような国家が、もしいますぐ正規の服役期間をさらに短縮するなら——そのときどんな政党が政権をにぎっていようとも——、最大の失策をおかすものだとさえ、われわれは思っている。一方の側にフランス軍、他方の側にロシア軍がいて、両軍が連合して同時に攻撃してくる可能性があるかぎり、敵前ではじめて士官学校の知識を学ばなければならぬというようなことのない部隊が必要である。だから、われわれは、いわば服役期間が全然ない民兵軍の幻想には、なんの考慮もはらわない。

（「プロイセンの軍事問題と労働者党」）

プロイセンの置かれている客観的な国際環境を冷静に勘案して、むしろ現役の服役年限を二年から三年に延長しようとする宰相ビスマルク率いる国家の側の論理に、エンゲルスが賛成している点が面白いのです。エンゲルスは、国民に重い負担をかけると思われていた徴兵制の軍隊を是として、逆に、比較的負担の軽いと思われていた民兵軍には、何の幻想ももっていませんでした。国家予算に占める割合が少ない民兵軍のほうを、徴兵制の軍隊より是とする「幻想」については、先にふれたモルトケも、同様に辛口の批評を加えていました。兵役年限を縮め、常備兵数を縮小して兵備を緩やかにすることにモルトケは反対であり、民兵に頼るのにも反対でした。民兵を用いる戦争は長期戦となりがちなので、結局のところ巨額の費用がかかり、また人命の損傷も多くなるので認められないと、その反対理由を述べていました（『内外兵事新聞』第三号）。

民兵制という方法もあるから、軍事支出は少なく抑えられるはずだという政府批判を、前もって封ずるのに適した論理が、外国の戦争の事例から豊富に引用され、用意されているという状況が浮かびあがります。

征韓論の意味

これまでわたくしは、当時の朝鮮（正式名称は大朝鮮国）や台湾について論ずることなく、ロシアやプロイセン、フランスについて論じてきました。しかし、ここで立ち止まって考えてみれば、明治政府の為政者たちやそれに近い識者たちの言論が、日本とは地理的に遠い事例から兵備完整の必要を冷静に説いていたのは奇妙なことなのではないでしょうか。目前の征韓や征台を軍拡の論理に用いれば、簡単に兵備完整を主張することができたはずです。しかし、これは自覚的に意図的になされていたことでした。坂野潤治が明らかにしたように、政府は、いわば遠い軍拡を説くことで東アジアへの冒険的な膨張論に一貫して冷水を浴びせ、また一方でどうしても反論できない軍拡の根拠を過去から引用することで、人々に緊縮財政への支持の念を自然に植えつけることができました。

この時期の征韓論（日本にとって「韓」という文字は、地名あるいは民族名として認識されていたため、「征朝論」ではなく「征韓論」と呼んだものとみられる）は、政府からは最終的に抑えこまれ、士族層を除く市井の人々には関心のない問題でした。しかし、征韓論など東アジアへの膨張論それ自体のもった意味については、検討を加えておく必要があるでしょう。征韓論の底流にある考え方の一つは、太平洋戦争まで一貫してみられる、対外膨張論の重要な要素であるからです。

幕末からの流れでいえば、まず、朝鮮に対する認識が、王政復古と密接な関係をもって語られていたことを理解する必要があります。ペリー来航後の吉田松陰の朝鮮論や、一八六八（明治元）年十二月十四日の木戸孝允日記にみられる征韓論などは、その代表的なものです。松陰は、列強との交易で失った損害を朝鮮や満洲で償うべきであると論じつつ、国体の優秀性を皇統の永続性に見出し、天皇親政がおこなわれていた古代における三韓朝貢という理想のイメージに基づいて、朝鮮服属を日本本来のあるべき姿として描き出しました。木戸は日記のなかで、「速に天下の方向を一定し、使節を朝鮮に遣し、彼無礼を問ひ、彼若《もし》不服《ふくさざる》ときは、鳴罪攻撃、其土大に神州の威を伸張せんことを願ふ」と述べています。

この場合、木戸が朝鮮を無礼といっているのは、従来使用してきた印を廃して新たに皇や勅の文字を入れた印を用いた日本側の国書を、朝鮮側が受けとらなかったからではありません。これまでの朝鮮と日本との関係、すなわち、朝鮮が対馬藩を通じて幕府など武家政権と関係を築いてきたこと、いわば「私交」を結んで天皇への朝貢を怠った点を無礼だといっているのです。天皇親政に復したからには、朝鮮はこれに服属するのが本来の姿であるとの感覚が生じています。日本と朝鮮の関係を正すことは、木戸にとっては「御一新之御主意」を明確にし、再確認するためにも必要なことだと認識されていました。

こうした考え方は、日本の近代史上一貫して流れるアジア主義の一つの源流をなすものなので注目されます。アジア主義の定義としては「日本近代史上に隠顕する一つの思想的傾向、すなわち西洋列強の抑圧に抗して、日本を盟主にアジアの結集をうったえたもの」

という平石直昭による定義が妥当でしょうが、わたくしが今ここで用いるのはもう少し広く、日本と地理的に近接したアジア地域への日本の姿勢、といった意味で使います。

よって次に、一八七三(明治六)年の征韓論と参議西郷隆盛の関係について、教科書的な知識をおさらいしておくと、以下のようになります。不平士族の反乱を未然に防ぐため西郷は、自身が、朝鮮への使節に命ぜられるよう廟議を動かし、使節となって朝鮮に渡り、そこで相手側から「暴殺」されるように仕組んで開戦の名目を得ようとした、しかし、そこに内地派が現れ、西郷のもくろみを阻止したという解釈です。つまり、岩倉使節団からもどってきた大久保利通・木戸孝允らを、日本国内の整備を優先して征韓に反対した内地派とし、西郷やのちに下野する参議たちを、武力行使をも辞さない強硬派と描く図式です。これに対して、教科書的な解釈は誤りで、西郷は征韓論者ではなく、使節派遣を願ったのは平和的な交渉をする自信と見込みがあったからであるとする毛利敏彦の解釈もあります。

西郷の名分論

西郷が平和論者であったかどうかは、ここでは問題にしません。ここでわたくしが興味をひかれるのは、七三年当時、西郷が使節派遣の形式について、つまり使節の服制でありますとか、乗船する船でありますとか、また開戦までの手続き順序に、非常にこだわっていたということです。これはかなり大切な問題でありまして、朝鮮を開国させる日朝修好条規締結（七六年）のきっかけとなった前年の江華島事件に、西郷が「名分」がないといって反対していたこととの関連で注目されます。西郷が朝鮮に対する武力行使を単純に考えていたのであれば、江華島事件の際にも賛成してもよかったはずでした。そうなると逆に、明治六年政変のときに西郷が考慮していたのは、開戦する際には「名分」がいるという自覚だったのではないかと思いいたります。

西郷は三条実美に宛てて、問題なのは朝鮮に対して開戦を宣する「名義」がないことである、名分条理を正すことは「討幕の根元、御一新の基」だったはずなので、今に及んでこの筋をくずしてしまえば、「全く物好の討幕」になってしまうと危機感をうったえていました（明治六年八月三日付書翰）。つまり、朝鮮に対する開戦が、名分のないままおこなわれるならば、明治維新の大業が無に帰してしまうと述べているわけです。さらに、名分とともに西郷が重視していたのは、因循姑息に陥らないということでした。幕府が滅亡したのは、ひたすら攘夷の戦争を避けるという「無事」の追求に終始したからだと考える西郷にとっては（明治六年八月一七日付板垣退助宛書翰）、日本の現状は危機的なものにみえました。すなわち、国力は衰微し、兵備は空虚で、人心は惰弱で、独立の気概がなく、因循である、と。

西郷は日本の現状を因循であり、独立の気概のないものであるとみなしていたわけであり、現在の政府と滅亡した幕府とでは、その「無事」を願う心という点で大差ないとみていたのでしょう。ですから西郷が、彼を慕う不平士族たちの論を「不平」という言葉に包括されるような後ろ向きの反動的な論とみなしていたはずはなく、ましてその不満を対外侵略にそらし、みずからの死に場所を求めるような状況をつくり出したかったとみるのは誤っています。

西郷に従って東京を離れた鹿児島旧士族派がつくった、士族民権雑誌『評論新聞』は、たとえば次のような論陣を張っていました。法律は公議輿論で決められるべきであるのに、実際の政治は二、三の有司によって専制的に運営されている、よって、国会を開設して、立法の大権を人民の手に掌握して、法律を本当の法律にしなければならない、と説いていました(明治八年四月)。同時に彼らは、日本国に正気がなくなると、外国にやられてしまうから、「朝鮮であれ支那であれ相応な相手を選んで戦を始め、以て全国の英気を引起せ」と主張していました。彼らは、立憲を論じながら、同時に、英気を奮いたたせるための征韓を論じているのです。武士の特権を次々に廃止してやまなかった政府を、後ろ向きの気持ちから批判しているのではなく、人民のために立憲を要求し、一方では英気を喚起するための対外戦争を要求していたといえるでしょう。

国家の元気を回復するために

ここにわたくしたちは、日本近代の一つの特徴であるといえる、「内にデモクラシー、外に帝国主義」といわれるものの一つの源流をみることができるのではないでしょうか。明治六年の政変時の西郷と、『評論新聞』に共通しているのは、「国家の元気」という観点です。維新当時のような国家の元気を取りもどし、国家の覆滅を回避する道としての、立憲と征韓という組み合わせです。

ですから、国内改革と対外侵略を密接不可分として考える態度は、教科書的な説明にみられるような、士族の内乱を防ぐために対外侵略をガス抜きとして使おうとしたという態度とは、まったく違うものです。正理真道から遠く離れてしまった日本を、名分論によってどうにか救うにはどうしたらよいかという、むしろ、自己本位な動機からきていました。

このような日本人の感覚は、近隣の諸国にとっては非常にありがたくないものであり、それがのちに、実に甚大な被害を近隣諸国に与えたことについては議論の余地はありません。しかし、征韓論にみえる論理は、日本人の目からみて文明開化を肯定しない国家——

この場合は朝鮮が想定されていますが——に対する優越感に満ちた侮蔑の感覚から生じているのではないという点は確かでしょう。侮蔑するか、しないかという感覚よりも、よりせっぱつまった感覚、みずからが救われるかどうかという感覚、これに突き動かされて征韓論は主張されたと思われます。

第二講では、だいたい明治十年までの時期について、近代的政治意識発生の理由、普仏戦争の教訓、征韓論の意味などを検討しました。政府の側は、攘夷から和親への転換を説得するため、対外関係に特化した近代的政治意識を国民に植えつけることに躊躇しませんでした。幕府の掌握できる「国力」と動員できる「弱兵」では、列強と戦争すれば勝利はおぼつかなく、それではかえって武威・御威光は消滅してしまいます。なんとか衝突せずに体面を維持しようとして、無為にすごしたために幕府は倒れたのだというイメージが広く社会に共有されているとき、列強と対峙するための軍拡を説くのは、さほど困難なことではありません。

ただ問題は、政府にとって、東アジアへの膨張論と政府批判とが連動しないように留意することでした。ロシアの脅威、普仏戦争における軍事費と賠償金の話などをうまく援用して、いわば、遠い事例から、兵備完整の必要が冷静に説かれている態様についてお話ししました。

〔注1〕満洲という表記と意味について

満洲は、満洲語で、「マンジュ」の発音を漢字表記したもの。元来は民族名や国名であって地名ではなかったが、一九世紀以降に西洋人が「満洲人の土地」という意味で使い始めたことに起因し、日本でも中国東北地方を満洲と称するようになった。現在の遼寧省、吉林省、黒龍江省地域を指す。現在は常用漢字の「州」を用いて「満州」と書くのが一般化しているが、満洲は固有名詞として使われてきた歴史的経緯があるので、本書では満洲を用いる。ただ、「満州事変」「満州国」「南満州鉄道」という歴史用語の場合は、常用漢字を用いる表記が定着しているので、それに従った（参照：神田信夫ほか編『世界歴史大系　中国史4』、山川出版社、一九九九年）。

〔注2〕支那という呼称あるいは表記について

一九一一年に起こった辛亥革命で清朝が崩壊するまで、中国に対する日本側の呼称は、その王朝名から、清あるいは清国と呼ぶのが一般的であった。しかし、一九一三年、日本が中華民国を中国の正統政府として承認した際、中国の呼称を支那共和国とした。中華民国の公称英訳であるRepublic of Chinaから日本語に重訳したものであり、そこに差別的な意味は込められてはいなかった。支那共和国を略して支那と使われる場合も同様である。しかし、中華民国としなかったのは、中華という言葉がみずからの誇称であり、固有名詞ではないとの判断が日本側にあったためとみられる。支那という呼称を問題とする中国側の意向もあり、日本側は一九三〇年、それまでの支那共和国あるいは支那という呼称を改め、中華民国を中国の正式呼称とすると閣議決定している。

紀元前の帝国、秦の国名を表わす発音(Chin)が、インドで中国を意味するものとして用いられるようになったところに支那の語源はあり、もともと差別の意味あいがなかったことはよく知られたところである。しかし、たしかに日清戦争以降、昭和戦前期を通じて中国あるいは中国人に対する軽侮の念をともなって、支那あるいは支那人という呼称が広く日本社会に用いられていたことも事実である。現在、中国の学者のあいだで、たとえ固有名詞でも支那という表現が決して使われないこと、歴史史料を中国語に翻訳する際でも、北支事変は華北事変に、支那派遣軍も中国派遣軍とされることを考えるとき、支那という呼称については、深甚の配慮が払われるべきである(参照:劉傑『中国人の歴史観』、文藝春秋、一九九九年)。

【第二講の参考文献】
吉野作造「我国近代史に於ける政治意識の発生」
飛鳥井雅道「征韓論の前提」、古屋哲夫・山室信一編『近代日本における東アジア問題』、吉川弘文館、二〇〇一年
藤田覺「文化三・四年日露紛争と松平定信」、『東京大学史料編纂所研究紀要』六号(一九九六年三月)
富田正文ほか編『福沢諭吉選集 5』、岩波書店、一九八一年
由井正臣ほか編『日本近代思想大系4 軍隊・兵士』、岩波書店、一九八九年
野村實『海戦史に学ぶ』、文藝春秋、一九八五年(文春文庫、一九九四年)
保谷徹「対馬事件とロシア史料」、『本郷』(二〇〇一年十一月)
澳国博覧会事務官編刊『澳国博覧会報告書 兵制部』、一八七五年
拙稿「政治史を多角的に見る」、義江彰夫ほか編『歴史の対位法』東京大学出版会、一九九八年
『内外兵事新聞』、『近代日本軍隊関係雑誌集成』(ナダ書房によるマイクロフィルム版、一九九一年)所収

大江志乃夫ほか編『岩波講座　近代日本と植民地　1』、岩波書店、一九九二年
今村仁司『ベンヤミン「歴史哲学テーゼ」精読』、岩波書店、二〇〇〇年
『マルクス・エンゲルス全集　16』、大月書店、一九六六年
坂野潤治『近代日本の外交と政治』、研文出版、一九八五年
平石直昭「近代日本の『アジア主義』」、溝口雄三ほか編『アジアから考える　5　近代化像』東京大学出版会、一九九四年
日本史籍協会編『木戸孝允日記　1』、東京大学出版会、一九六七年
吉野誠「吉田松陰と朝鮮」、『朝鮮学報』一二八号（一九八八年七月）
同　「王政復古と征韓論」、『東洋文化研究』一号、学習院大学東洋文化研究所（一九九九年三月）
毛利敏彦『明治六年政変』、中央公論社、一九七九年
遠山茂樹「征韓論・自由民権論・封建論（1）」、『歴史学研究』一四三号（一九五〇年一月）
坂本多加雄「征韓論の政治哲学」、『年報　政治学　日本外交におけるアジア主義』、岩波書店、一九九八年

第三講
日本にとって朝鮮半島はなぜ重要だったか

自由民権論者の対外認識

明治政治史を振り返ってみれば、国会開設を政府にせまる民権派、また、政府の条約改正への「軟弱な」姿勢を厳しく批判する対外硬派など、政府の方針に反対する勢力は枚挙にいとまないほどいました。このような政治勢力は、世界情勢をどのようにとらえていたのでしょうか。また、戦争を受けとめる論理に、どのような影響を与えることになってゆくのでしょうか。

第三講で対象とする時期は、一八七九(明治十二)年からほぼ十年間であり、九〇年の帝国議会開設までを扱います。この時期までで区切るのは、議会開設の前と後では戦争を受けとめる論理が当然、違ってくると考えられるからです。

ここで、日本の自由民権運動と、ヨーロッパにおけるデモクラシー運動を、簡単に比較してみましょう。ヨーロッパのデモクラシーの理論と実際には、個人主義思想の強い影響を確認できますが、日本の自由民権運動には、天賦人権説などの援用はみられるものの、むしろ、国家主義的色彩が濃厚です。その違いはどこからくるのでしょうか。一つには、明治初期の民権論者が民権論を主張するにあたって、国家の独立を維持し国権を伸張させるためには、自由民権の理想の実現が不可欠だと説いて、国民から支持を獲得しようとしていた点に求められます。

国権を伸張させるための民権というロジックは、民権論者の対外意識を分析することで確認できます。民権論者が当時の極東情勢をどうみていたのかを、民権の指導的役割を担っていた四つの新聞、『朝野』、『郵便報知』、『東京曙』、『東京横浜毎日』の論調を分析することで、初めて明らかにしたのは岡義武でした。まず、当時の民権派と新聞との関係については、ほぼ次のような関係が確認できます。成島柳北・末広鉄腸らの『朝野新聞』は自由党系、矢野文雄・箕浦勝人《みのうらかつんど》らの『郵便報知新聞』は改進党系、島田三郎・肥塚竜・沼間守一らの『東京横浜毎日新聞』は政治結社嚶鳴社《おうめいしゃ》（のちに改進党へ）系、という具合です。

たとえば、七九年四月八日付『郵便報知新聞』には箕浦勝人が「琉球人民の幸福」という論説で「一国の独立を維持せんと欲するもの、兵力に依らずして、復た何をか待たん」とはっきりと述べています。国家の独立には兵備が必要だといった、実にシンプルな主張でした。八〇年三月二十四日付『東京横浜毎日新聞』論説は、列強がせまりつつある東アジアで、独立を保てる国は日本と中国くらいしかないだろう、との暗い見通しを危機感とともに述べています。

僅かに独立の位置を存し、欧洲強国に力を抗せんとするの勢ある者は、支那・朝鮮・

日本あるのみ。而して朝鮮とても版図狭隘人心振はず、若し鄂羅〔ロシアのこと〕一たび南向の志を起さば、朝鮮の独立も一朝の間にして覆滅するなる可し。故に東方諸国中、支那・日本を除かば、他に独立国なしと云ふも可なる者あり。欧洲強国が東方辺海を横行するも、偶然にあらずと云ふ可し。

（「清国の近勢」）

第二講でもふれましたが、民権派諸新聞がこのような論説を展開していた時期は、イギリス・フランスによるアフリカ再分割が本格化した一八八〇年代に入ったころでした。帝国主義研究の概念でいえば、一八七〇年代から八〇年代以降にみられた変化とは、列強の統治方式が、植民地と考える対象地域の既存の政治体制に依存した上で、「通商の自由」を標榜しつつ経済的利益の獲得をめざす「非公式の帝国」方式から、世界的規模で直接統治、すなわち「公式帝国」の形成に乗り出すようになったという変化でした。当時の新聞を読んでいますと、現在がまさしく帝国主義の時代であり、アジア諸地域がヨーロッパの帝国主義国家によって現実に蚕食されつつあるとのリアルな認識を、記事の書き手たちがもっていたことに気づかされます。

このような極東情勢についてのリアルな認識を民権派が抱いていたとすれば、日本の独立を維持し国権を拡張するにはどうしたらよいか、という点に彼らの問題関心が集中したのは、ある意味で当然です。つまり、ある時期、自由民権論者が民権論から国権論へとその論調を変えるのではなく、比較政治史的にみると日本の自由民権運動は、最初から国権論的な動機づけをもっていたがゆえに、広く支持を獲得できたといえるでしょう。

地域の言論

前項では、おもに中央の民権派新聞の論調から、国家の独立と民権の関係、言い換えれば、国家の独立と国会開設が必要な理由についての密接な関連をみてきました。民権派による激化事件が続き、一八八四（明治十七）年に自由党が解党にいたるまでの期間と、八七年の大同団結運動の時期に、国会開設運動は、各地の民権結社に依拠しながら活発に展開されていましたので、今度は地域の状況をみてみましょう。

千葉県上埴生郡綱島村（現茂原市）の幹義郎は、八一年から八六年まで県会議員をつとめ、のちに郡会議員にもなった地方政治家で、一八七九年から一九三一年にわたる、実に膨大な日記をのこした人物でありました。その幹の、七九年九月十五日の日記には、次のようなことが書かれています。

我国の少しく字を知り事を解するの徒は口を開けば曰く、国会起さゞるべからず、民権伸張せざるべからずと、予熟考するに国会の開設は固《もと》より急なり、然り急務の尚ほ之れより切なるものあり、何ぞや則ち条約改正、独立国の実権を我れに復する是れなり、〔中略〕故に予が今日の持論を以てすれば目下に急務の中条約改正を先となし国会開設を後となすなり。

（「詠帰堂日記」）

幹は日記のなかで、国会開設か条約改正かといえば、むしろ、条約改正を実現して国家の実権を恢復することが先だと冷静に述べていました。国会より重いものとして、条約改正を位置づけている点が注目されます。また、同年ドイツ皇帝の孫が来日し大阪府下の禁猟区で狩猟をしてしまった事件では、これを止めた日本側警察官とのいざこざをめぐる大阪府の対応を聞いて憤慨し、日本の禁法を犯した外国貴族を正しく止めた警察官が免職になるのはもってのほかで、このようなことは「我が国権を傷くるもの」であり、「国会起さゞるべからず、国権今や地に落ちたり」と書いて自己の感慨をしめくくっていました。国権を立てるために、国会開設が必要であるという発想が確認できます。

もう一つ、今度は、山梨県の例をみてみましょう。同県下において、国会早期開設を論じていた民権派新聞『峡中新報』は、一八七九（明治十二）年十月から十一月にかけて連載した「国会論」のなかで、国会開設の必要な理由を、非常にわかりやすく説いています。

第一には、なぜ増税しなければならないのかについて議論をおこして、庶民に法律施政の理由についてわからせることが大切であるから、開設すべきだといっています。第二には、一国の勢力とは兵力のことであり、その兵力の生ずるのは「一国人心の集合に在り、何を以て人心を集合せんとす、曰く国会是なり」であるから、国会を開設すべきであると主張していました。第二番目の理由をわかりやすく説明すれば、国力は軍事力ではかられ、その軍事力はといえば、共同体の結束力から生ずるものである、そしてその結束力を培うのは何かといえば、それは国会なのだとたたみかけているわけです。

さて、少し時期が下り、いよいよ国会開設も目前にせまった大同団結運動期の、地域の演説会では、どのような論議がなされていたのでしょうか。一八八八(明治二十一)年十月七日、千葉県千葉町の信之館で、二五〇名ほどを集めて開かれた関東八州大懇親会の模様が、千葉県下の自由党系の新聞『東海新報』に報じられています。そこで演説した後藤象二郎は次のような趣旨を論じていました。――聞くところによれば、フランスの婦女子はドイツのために奪われたアルザス・ロレーヌの二州を恢復しようとして、非常にその問題を憂慮しているということである。婦女子においてさえそうであるならば、フランスの男子にとって、その問題はいかばかりであろうか。日本も治外法権によって実は独立を失っており、今や国民相共に一致団結して「一国独立の策」を講ずることが急務である。隣国のロシア皇帝はアジア全州を併呑しようとしているという。またシベリア鉄道も着工されるのであれば、「今日我国の独立策を講ずること是れ実に焦眉の急務」である——。

後藤の演説からわかることは、基本的には、第二講でみてきたような論理、すなわち普仏戦争の教訓、ロシアの脅威について、人々の注意を促した議論であって、そのような危機的な国際環境のなかで、一国の独立策を国民とともに図るために国会が必要なのだ、との論理展開になっていることです。

以上、①条約改正を実現し、国権を恢復するための国会開設を希望していた千葉県の政治家幹義郎や、②法律施政をよく人民にわからせ、共同体の結束力を培う軍事力・国力をつけるための国会開設を希望していた山梨県『峡中新報』に連載された「国会論」、③独立を失っている状態からの脱却を、ロシアの南下の危機とともに語っていた後藤象二郎の論をみてきました。のちに開設される国会に、こうした考え方をバックに帝国議会衆議院議員として登場してくる民権派が、為政者や民衆よりは、対外認識において積極論や対外硬論を展開していくであろうということは、ここに予想できるのです。

国家の力についての認識

中央の新聞や地域での国会開設論をみていきますと、民権の理想の実現、すなわち国会開設が、ひいては国家をも強くするのだとする民権派の議論の運び方が、当時にあっては一般的であったことがわかります。となれば、国家の力というのは兵権を伸張し軍事力を増大することだけで獲得できるのではなく、国民に一定の権利を与え、国民を育てることによっても獲得されるはずであるとの認識が、当時の民権派、そして民権派が支持を獲得したがっていた国民に、広くゆきわたっていたと考えられます。とうてい支持を獲得できない議論の仕方で国会開設運動を展開し続けるのは、民権派にとって合理的とはいえないからです。

このような、国家の力を総合的にながめる視点はけっして珍しいものではありませんでした。軍事力の背後にあるもの、すなわち一国を強固にする要因として、為政者などもきわめて早くから自覚していたことについては、すでに多くの指摘があります。

少し時期はさかのぼりますが、一八七四(明治七)年五月から六月ごろに提出したと推定される建議「殖産興業に関する建議書」で、初代内務卿(勧業・警察・土木など広範な権限を管掌する内務省の長官)となった大久保利通は、国の強弱は人民の貧富にかかっており、人民の貧富は物産の多寡に関係している、その物産の多寡は、ひとえに政府が人民の工業を奨励するかどうかにかかっていると述べて、政府の強力な指導による産業化で「富国」を達成すると見通していました。

大久保利通

このように論じる大久保は、一八七三(明治六)年十一月、「立憲政体に関する意見書」のなかで、イギリスの隆盛の原因を次のように分析してみせるような人物でした。すなわち「三千二百余萬の民、各己れの権利を達せんが為め其国の自主を謀り、其君長も亦人民の才力を通暢せしむるの良政あるを以てなり」と。説明を加えておきますと、イギリスでは国民がみずからの権利を伸張させようと努力している、そしてそのような前向きの気持ちがあるために、よけい国家の自主にも国民が一生懸命となる様子がみられ、それは国王もまた、人民の能力をより伸ばすような良い政治をしているからだといっています。憲法を備えた君民共治の制度をもっているから、イギリスの国力が発展したとの判断でしょう。民衆のエネルギーを結集し、教育を通じて国家意識を高揚させ、経済的には産業を発展させて国富を築いていく、そういった改革が必要であるとの認識を大久保はもっていました。

ここに大久保の述べるような観点、すなわち、政府奨励下の産業の発展や、大衆の政治参加への動きを近代化の二大指標とする見方は、フランス革命以降には一般化していました。さらに加えて一八八〇年代ごろになると、欧米において再び、国の力とは何か、ナショナル・インタレスト（国家利益）とは何かについて、さかんに再定義がなされるようになり、その知見は日本側にも急速に流入してくるようになりました。この時期に生まれた新しい考え方としては、自由放任政策下における合理的な経済の発展が、必ずしもナショナル・インタレストを保護するものではないので、むしろ国家の安全と利益という見地から、軍事、経済その他の活動を総合的にとらえる必要があるとの国策論などが出てきたことです。もちろんナショナル・インタレストの再定義の背景に、帝国主義時代の本格的到来があったことはいうまでもありません。

福沢諭吉『通俗民権論』

ここで同時代の言論ということでいえば、福沢諭吉を逸することはできません。民権と国権の関係について、例によってきわめて明快に述べています。福沢諭吉の文章のテンポを味わうために、ちょっと読みあげておきましょう。

抑《そもそ》も民権の伸びざる原因は、必竟《ひっきょう》、人民の無智無徳に由るものにして、之を要するに、政府は智にして人民は愚なるが為に、自から智者の圧制を受るの訳なれども、今、試に官民の別なく、全国の人を一様に見渡して、一体に愚なる国人なれば、其国に於て政府に在る人のみ別段に智力ある可きの理なし。人民愚なれば政府も亦愚ならん。人民智なれば政府も亦智ならん。

（『通俗民権論』）

民権が伸張しない理由は、政府が圧制するからではなく、人民の知力が未だ不十分だからである。人民と政府の二つながらの発展は、二つともになされるべきであり、なされなければならないという発想と覚悟は、先に引用した大久保利通の「立憲政体に関する意見書」にみられる議論と大差のないものとなっています。ここで大久保と福沢が同じような考え方をもっていたと書きますと、官（国家）と民（国民）との抗争を回避させるような論を、福沢が展開していたように聞こえるかもしれません。しかし、福沢のいう官民調和論は、権力をめぐる、官と民との激しい対立・競争と表裏一体となった概念であって、無原則な妥協をよしとするものではありませんでした。対立と競争があるから、双方が発展できるという発想です。

第二講でみたように、過去の攘夷論のくびきからみずからを解放するために、明治政府は国際法に対して、「道」の教えに従うごとく従順であれと国民に説いて、近代的政治意識の種子を植えつけました。そうであれば、近代的政治意識は、自国と外国との国際関係についての省察から生み出されたといっても過言ではありません。このような意識をもって誕生した国民は、不平等条約など、国際関係の不正常な状態に対しては敏感であったはずです。そして、すでにふれたように民権派のナショナル・インタレストの概念は、明治政府のそれときわめて近いものであったといえるでしょう。

これまで述べてきたことは、列強に対峙するための軍拡については、為政者と民権派のあいだに、基本的な対立は生じようはなかったはずだということです。

華夷秩序と朝貢体制

本講の前半では、自由民権論者の対外認識をみましたので、いわば本来はその対極にあったはずの立場のものとして、軍事費拡大について政府部内で最右翼の議論を展開していたであろう、軍事当局者の対外認識をみていきます。なかでも、一貫して、軍と藩閥勢力の中心にいた山県有朋がのこした意見書類を主に読んでいきますが、その前に、華夷秩序とは何かを、近年の研究に従って説明しておきましょう。

一九世紀後半の東アジア情勢は、国際法の遵守を掲げた欧米列強の形成する「近代的」秩序によって、清国を中心とする伝統的な華夷秩序が圧倒されてゆく過程であったということができます。華夷秩序とは、文明の中心である中国が周辺地域に対して、世界の中心である中国の「徳」を及ぼすものであり、その感化が人々に及ぶ度合いに応じて形成される、属人的秩序と考えられていました。よって、近代的秩序のような、排他的領土管轄の概念で動かされる秩序ではありませんでした。

その華夷秩序のなかでも、とくに、中国と東アジアとの関係を律する国際秩序が、朝貢体制と呼ばれる宗属関係でした。ここにいう朝貢とは、朝貢国（属国）が中国（宗主国）皇帝を訪問して臣下の礼をとることを指し、その際臣下の礼をとった者は、皇帝からその地域の「王」として資格を授与されます。この関係は、冊封と呼ばれていました。たとえば朝鮮の場合、伝統的に中国に朝貢することで朝鮮国王として冊封され、そのことによって民族的文化的な優越意識を確保したとみられています。

儀礼上の手続きを履行している限り、ふつう中国が朝貢国への内政・外交に干渉することはなく、必ずしも支配—被支配という、権力的上下関係に立つものではありませんでした。最近の研究動向の支持する朝貢体制理解は、この体制の、当時の文脈における合理性を指摘する傾向にあります。朝貢体制とは「定められた儀礼の体系を守っている限り、緊張が必要以上に昂《たか》まることはなく、とすればこの関係は、双方にとって軍事的に必要以上の負担がかからない、極めて安価な安全保障のための装置」（茂木敏夫による定義）でした。朝鮮が清国を宗主国とし、清国の側が朝鮮に対して宗主権をもつ宗属関係とは、このような関係を意味するものでした。以上のような対外関係構築の方法を清国がとっていたのだと、まずはご理解ください。

よって東アジアの大状況としては、このような伝統的な国際関係を構築してきた清国が、列強に対して今後いったいどのような関係を切り結ぶのかとの視点から、当時の日本が清国を熱心に観察する構図が描けます。このような経緯から、軍事当局者の東アジア認識も、清国の近代化に対する見通しいかんによって、時期とともにかなり変化しました。

ここでいう清国の近代化に対する見通しというのは、もし、列強が清国の伝統的な国際関係を認めない立場をとって武力でせまってきた場合に、武力の前に屈してしまうのか、それとも自国の近代化に努めながら、西欧「近代的」秩序のルールにのっとり、力で対抗してゆこうとするのか、その場合の清国のとるべき道についての見通しのことです。

あるいは、ロシアへの対抗を第一とするイギリスの帝国主義的な打算などの要因がはたらいて、イギリスが清国と朝鮮のあいだの宗属関係を、以前にもまして認める事態も考えられます。よって、清国の取りうる第三の選択肢としては、列強に清国と朝鮮の宗属関係を承認させつつ、それ以外の部分で、西欧型の近代化をとげる道もありえました。いずれにしろ、清国の近代化の方向性いかんで、日本のこうむる影響の種類も度合いも異なるとの判断から、清国についての真剣な観察がなされていました。

山県有朋「隣邦兵備略表を進《たてまつ》る」

最初に取りあげる意見書は、参謀本部長(国防計画、作戦計画などに関わる軍令機関の長)の山県有朋が、一八八〇(明治十三)年十一月三十日、天皇に上奏したものです。山県は七九年から翌年にかけて、桂太郎ら将校十余名を駐在武官や語学研究生の名目で清国に派遣し、その兵制改革の進展ぶりについて調査させました。そしてその報告を深刻に受けとめ、近代的兵制改革を進めている清国の実態に注意を促しています。さらに、清国の望ましい状況にひきかえ、日本はといえば、第一線の海岸防禦の準備さえ不十分であると上奏したものでした。山県の文章というのは、福沢諭吉のようにわかりやすいものではありませんが、漢語を配した独特のリズムのある文章であるとわたくしには感じられます。

方今万国対峙し各其彊域《きょういき》を画して自ら守る、兵強からざれば以て独立す可らず。今夫修好条規ありて交際の締結を期し、万国公法ありて釁隙《きんげき》(対立している状態)の曲直を判ず、論者或は言ふ、以て自ら保する事を得べしと、此れ特に強者は名儀を假りて私利を営じ弱者は口実となして哀情を訴ふるの具たるに過ぎざるのみ。(「進隣邦兵備略表」)

意味するところは、兵備がなければ国家の独立はかなわない、条約と万国公法があるといっても、それは強い者に対しては大義名分を与え、弱い者に対しては同情を買うための口実を与えるものに過ぎないと、斬って棄てているわけです。外交におけるリアリストの見方の典型といえるでしょう。

また大胆にも、富国と強兵の順序について、自身のなかでの優先順序を率直に述べています。

臣民をして生を楽み、富貴に安んじ、其気胆を開暢《かいちょう》し、愛国の志を起し、進取の計に従はしむる者は兵力に非れば能はず。兵にして強ければ国民の志気始て旺《おう》ず可く、国民の自由始て語る可く、国民の権利始て論ず可く、交際の平行始て保つ可く、互市の利益始て制す可く、国民の労力始て積む可く、而て国民の富貴始て守る可し。

強兵が達成されて初めて、富国・民権・外交などが問題となってくるとの認識でした。山県がこの上奏文で、沿海防禦の必要をとくに論じていたのは、当時、イリ紛争(一八七一〜八一年)などで具体化した、ロシアと清国の対立を考慮していたからでした。イリ紛争とは、ヤクーブ・ベクが東トルキスタンを占領し、新国家を樹立したことに対抗して、ロシアが新疆《しんきょう》地方のイリ渓谷を占領したことに端を発した紛争でした。これに対して清国がヤクーブ・ベクの樹立した国家を滅ぼし、ロシアとのあいだにイリ条約を締結し、領土の一部を割譲した上でイリ地方を回復した、その一連の紛争を指しています。

それではなぜ、ロシアと清国が対立すると、日本の海岸防御が問題となるのでしょうか。それについては、「道路に闘ふ者ある、傍人必之が障害を受く、蕭牆《しょうしょう》〔家庭内のもめごと〕に鬩《せめ》ぐ者ある、家人之れが禍難に罹《かか》る、是自然の勢なり」と、たとえ話を用いながら随分乱暴なことをいっています。つまり、道で喧嘩する者があれば、かたわらの道行く人にも被害が及ぶだろうし、家庭内で内輪もめがあれば、その家の者は無関係ではいられないのと同様に、日本近海での露清の戦いが日本にも多大の影響をもたらすと述べているのです。結論として、日本には海陸攻戦計画はあるけれども防守計画がなく、壱岐・対馬・隠岐・佐渡などは本来、防禦の第一線であるにもかかわらず、現在の状態では役に立たないのだ、との危機感を表明しています。

このころの日本の清国観は、清国が北洋大臣李鴻章の政治指導のもとで、対朝鮮政策を再編強化しつつあるというイメージを基礎につくられていました。朝貢体制下においては、清国政府のなかで対朝鮮関係を監督する官庁は礼部でしたが、一八八一(明治十四)年、これを北洋大臣李鴻章のもとに移しました。それをきっかけに、朝鮮に対する清国の干渉は強まります。清国は、日本への警戒心もあって、朝鮮に対して伝統的な宗属関係からやや逸脱するような対応をとるようになります。

たとえば、八二年五月に調印された朝米修好条約締結のおりに、李鴻章は斡旋・仲介の労をとりましたが、朝鮮が清の「属国」であることを、条約文上で明文化しようとしました。しかし、「属国」条項の条約文への挿入は、アメリカ側の反対にあって失敗します。李鴻章は、朝鮮への日本の独占的進出を牽制する一方で、朝鮮の条約締結に干渉することで、清国の宗主権を欧米列国に承認させようとする方策をとっていました。

軍備拡張

結局、「進隣邦兵備略表」の趣旨は取りあげられ、東京湾の砲台建築費二四五万円が、十年に分けて下附されることになりました。これまでみてきたような清国に対する山県のような警戒心は、一八八二(明治十五)年の壬午事変(閔氏政権が進める開化政策や、日本人教官を採用して訓練した新式軍隊優待への不満から朝鮮旧軍隊が起こした反乱)ののちにも、依然としてみられます。そもそも事変勃発後、日本と清国は同時に出兵したのですが、事変を鎮圧できたのは清国軍のほうでした。清国は、事変に乗じて政権に就いた大院君を自国に連行して閔氏政権を復活させ、朝鮮への干渉を積極化させたのです。このような事態を憂慮した参事院議長（参事院とは、法案起草・審議のための機関）山県は、壬午事変の直後の八月十五日、「財政の議」を太政官に建議しました。日本の望ましい軍備は、日本と直接関係のある列国（清国を指している）との比較からいった場合、軍艦四十八隻、さらに運漕船若干であり、そしてこれを東西の二鎮守府に分けて配備する必要があると論じていました。

一八八二年十一月二十四日、宮中に地方長官を集め、軍備拡張・租税増徴についての勅語が出されましたが、そのとき居並ぶ地方長官に向かって山県は、条約改正と隣邦との修交が日本にとって一番大切な問題であるなら、そのための兵備拡張は喫緊の課題であると述べ、「一《いち》葦《い》帯《たい》水《すい》を隔つる隣強の兵備は日一日、年一年、益々盛大充実を極」めていると清国の状況を語って、巧みに軍備増強のための引証としていました。さらに、兵備の拡張のためには増税が不可欠であるけれども、将来増税が決定すればきっと「満天下、為に一時騒然たる景況」を呈するだろう、しかし「今日国家の光輝を失墜せず、国家の独立を維持せんとする、他に良策あるなきを奈何せん」といって、地方長官の覚悟を求めています。結局、この年十二月、政府は総額五九五二万円（軍艦関係四二〇〇万円、砲台関係五五二万円、陸軍関係一二〇〇万円）に上る軍拡八ヵ年計画を決定しましたが、軍事費は翌年から急増し、歳出総額の二〇パーセント以上を占めるようになりました。

ついで八八年、山県は、伊藤博文首相に対して次のような内容を上申しています。——

カナダの太平洋鉄道開通とロシアのシベリア鉄道開通（起工は一八九一年、全通は一九〇四年）によって、それぞれ英国とロシアが東アジアにおいて競合する度合いが高くなった。そのため、ロシアの進出先は、朝鮮とインドであるとみられる。よって日本にとって懸念すべきは、朝鮮を舞台として英露間に戦争が勃発する可能性が非常に高まったことだ――。

一般会計歳出に占める軍事費の割合

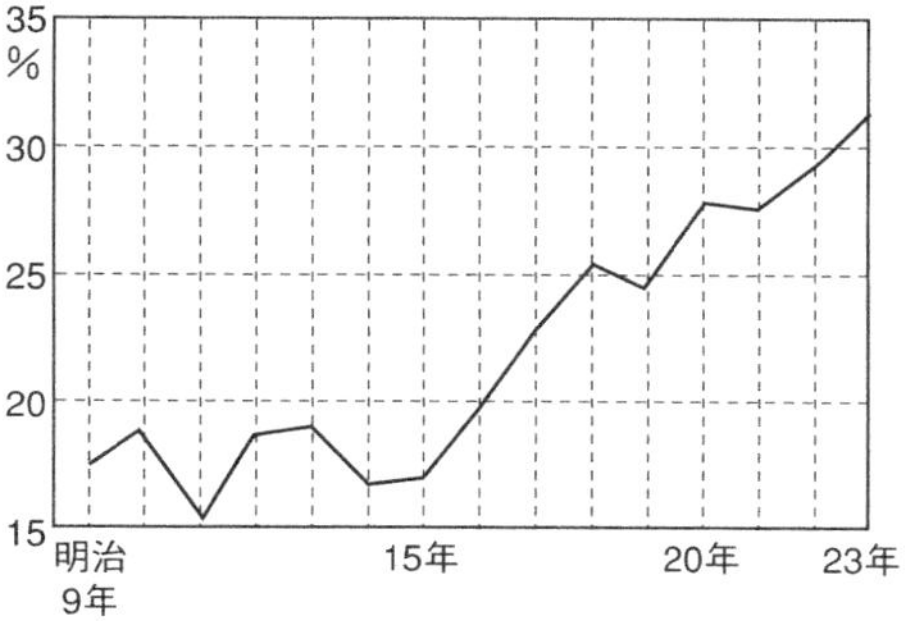

室山義正『近代日本の軍事と財政』より作成

こうした見通しを語り、だからこそ兵備の完整が最大急務だと山県は主張していました。そのあとに、よく引用される文章が出てきますので、読みあげておきましょう。

> 我国の政略は朝鮮をして全く支那の関係を離れ自主独立の一邦国となし、以て欧洲の一強国、事に乗じて之を略有するの憂なからしむるに在り。
>
> （「軍事意見書」）

つまり、日本のめざすところは、朝鮮を清国との宗属関係から切り離し、独立国として国際社会に立たせることであり、ヨーロッパの強国が何かの問題をきっかけに、朝鮮を領有してしまうことがないようにすることである、という決意を述べたものです。

朝鮮半島をどのようにしたら第三国の占領下に置かないですむか

一八八二(明治十五)年と八八年の意見書を比べてみますと、山県の意見が少し変化していることに気づかれるでしょう。八二年段階の意見書では、清国強しというイメージで、日本の軍備拡充を急がせる基準国としての清国を中心に語っていますが、その六年後のものでは、英露間の何らかの戦争が朝鮮を巻きこんでなされるのではないかとの危機感が前面におし出され、中国問題は後景にしりぞいているようにみえます。それはどのような論理からもたらされる変化でしょうか。

山県とも親しく、軍人勅諭の起草者として知られ、学界の元老的立場にあった西周は、そのころ元老院議官もつとめていました。その西が八三年時点で元老院議官として発言したものから、その事情を推測しておきましょう。徴兵令改正案が元老院にかけられたときの発言で西は、東アジアの情勢がただならぬものであると述べています。すなわち、数年前にイリ地方の国境問題で露清間は緊張し、露清二国間の戦争が起こりそうになった、その際ロシアの海軍中将レソフスキーは艦隊を率いて長崎に停泊したが、もしそのとき露清間に戦争が勃発して清国が敗けていたりしたら、「魯兵の帰次、我に寇する有らば何を以て折衝禦侮するを得ん」——。

西周が論じているのは、先にもふれたイリ紛争のことです。つまり、ロシア・清国間に戦争があって清国が敗けたような場合、ロシアは帰りがけに日本の侵略に及んでいたかもしれず、そのような行為に対して日本は果たして武力をもって反撃できただろうかとの懸念を、西は表明していました。清国の敗北で、日本は被害をこうむる可能性があるのだから、そのような可能性を、日本は武力でしりぞけなければならないという考え方です。

清国より、むしろロシアがますます日本の警戒の対象となってゆき、その分清国は、ロシアに口実を与えてしまう国、東アジア情勢に一大変動を与えうる国、というイメージで認識されるようになってきていることがわかります。清国が近代化を進めて軍事的に強国になるのを日本側が恐れる視点はだんだんと後景にしりぞき、むしろ朝鮮がロシアに侵略される機会を、みすみす清国がつくり出すのではないかとの疑心が生じてくるのです。

その背景には、清国の対外姿勢の変化がありました。清国は当時、英露列強に対して、朝鮮やその他の領域に対する宗属関係をさらに強化する姿勢をみせつけており、日本側はその点に強い危機感をつのらせていたのです。一八八四（明治十七）年、清仏戦争の戦況は日本において実に詳細に報道されていましたが、それは、清国がフランスに対して武力にうったえてまで安南（ベトナム）との宗属関係を守ろうとしたことを、衝撃ととらえる感覚が当時の人々にあったからでした。

また、日本にとってより切実な問題として感じられていたのは、巨文島（ポート・ハミルトン）の一件でした。巨文島とは、半島の南、朝鮮海峡上の要衝を占め、全羅南道と済州島を結ぶ水路の中間にある島です。当時、英露両国の対立がイギリスの保護領化されていたアフガニスタン地域をめぐって顕在化しつつあるなかで、八五年四月、イギリスが中央アジアでの一触即発の事態に備える目的で、巨文島を占領するという挙に出たのでした。

もちろん、この背景には、ロシアが朝鮮半島北部の日本海側に位置する元山（ポート・レザノフ）を奪い取ろうとしていたという、現実的な危機がありました。ユーラシア大陸内部の対立の局面において、東アジア一帯の制海権を有利に掌握するための措置であったことはいうまでもありません。このときは、最終的に清国が英露両国に交渉し、ロシアが朝鮮不侵犯の声明を出したことでイギリスも妥協し、翌年巨文島から撤兵しましたが、この一件は、日本に衝撃を与えるに十分な事件でした。

日本が衝撃を受けたのは、西周のいうようなパターンを想定したからだけではありません。イギリスが清国の許可をとった上で、朝鮮の巨文島を占領したことがきわめて重大なのでした。なぜ重大だったかといえば、朝鮮が当面、第三国に占有されるような状況を回避するには、列国が朝鮮を独立国として相互に認めあうことが必要だと考えていた日本にとって、巨文島の占領という事態はその立脚点を打ちくだくものであったからです。また、イギリスが巨文島占領という実力行使に出た以上、それに応じてロシアが朝鮮の港湾などを占領する可能性も高まったからです。日本の目には、このイギリスの巨文島占領に根拠を与えた、再編されつつある清国・朝鮮の宗属関係こそが、禍根であるとの認識が高まってきます。あまつさえイギリスは、みずからの帝国主義的な利益のために、伝統的な清国・朝鮮の宗属関係を利用する動きをみせたのでした。

朝鮮がロシアに占領される事態を清国がつくり出すのではないか、と山県や西が憂慮した背景には、これまで述べてきたような事情があったのです。清国が弱体かどうかという認識ではなく、むしろ、深まりつつあった英露対立のなかで、清国による宗主権の主張が一定の地歩を占めるような事態が生じれば、イギリスやロシアに朝鮮侵入の契機を与えることになる、だからだめだという論理になります。事実、清国は、伝統的な国際秩序の再編成を自覚的に進めておりまして、清仏戦争に際しては海防の観点から、台湾への実質的支配の確立を図るため一八八五年十月、台湾省建省に踏みきりました。さらに、甲申事変(八四年十二月、朝鮮の開化党要人らが、清国の影響下にある閔氏政権打倒のために起こしたクーデター)後は、袁世凱を駐劄《ちゅうさつ》朝鮮総理交渉通商事宜として派遣し、朝鮮国王のアドバイザーとしています。伝統的な宗属関係を、権力的な関係に再編強化したものといえるでしょう。

清国がみずからの伝統的な国際秩序の積極的改編に乗り出す過程と、一方で深まりつつあった英露対立が、朝鮮という場を巻きこんで激化するのではないかとのイメージが、日本のなかで蓄積されてゆきます。ただ、甲申事変後、八五年四月十八日、日清間に調印された天津条約は、日清両立論を公式に認めたものであったために、日本に有利なものでした。このため、天津条約を維持していく限り、日本はあえて清国と全面的な軍事衝突を起こす必然性はなかったことにはなります。朝鮮との関係で、清国が日本に与える影響関係を以上のようにとらえるとき、朝鮮半島に対する清国の影響力を排除していくべきだとする考え方と、天津条約体制を維持すればいいのではないかという主張の二つが両立しうることがわかります。

第三講では、国会開設前までの時期において、民権派と軍事当局者にとって、国家の独立を維持する上で東アジア情勢をどう認識するかという点では、ほとんど差がなかったことをみてきました。民権派は、条約改正を実現し、共同体の結束力を培う軍事力・国力をつけるためにこそ、国会を開かなければならないと考えていた人々であったからです。しかし、この時点で政府は、朝鮮の独立を武力によって清国に認めさせようとする道を選択していたわけではありません。清国の影響力を朝鮮からいかに排除するのかという方策を、さまざまに模索している段階でした。
さて、ここで皆さんは、清国が朝鮮に影響力を強めることを日本側が問題だとみなした理由と経緯については理解できた、しかし、それでは、朝鮮が第三国の占領下に置かれるという事態が、なぜ日本にとって堪えがたいものと認識されたのかについて、まだ十分な説明を聞いていないと思われたのではないでしょうか。この問いについて第四講では、山県有朋の利益線論を、それがだれの議論から生じた視角なのかという観点から分析していくことにしましょう。

【第三講の参考文献】

『岡義武著作集 1～8』、岩波書店、一九九二年～九三年
千葉県史料研究財団『千葉県の歴史 資料編 近現代1』、千葉県、一九九六年
山梨県編刊『山梨県史 資料編14 近現代1』一九九六年
日本史籍協会編『大久保利通文書 5』、一九二八年（復刻版、東京大学出版会、一九八二年）
入江昭『日本の外交』
富田正文ほか編『福沢諭吉選集 5』
浜下武志『朝貢システムと近代アジア』、岩波書店、一九九七年
茂木敏夫「中華帝国の『近代』的再編と日本」、大江志乃夫ほか編『岩波講座 近代日本と植民地 1』、岩

波書店、一九九二年
福島安正編『隣邦兵備略』、陸軍文庫、一八八一年
藤原彰『軍事史』、東洋経済新報社、一九六一年
坂野潤治『近代日本の外交と政治』
森山茂徳『近代日韓関係史研究』、東京大学出版会、一九八七年
同『日韓併合』、吉川弘文館、一九九二年（新装版、一九九五年）
大澤博明「天津条約体制の形成と崩壊 一八八五〜九四（一）、（二）」、『社会科学研究』四三巻三号、四号（一九九一年十月、十二月）
堀内文次郎、平山正『陸軍省沿革史』、陸軍省、一九〇五年
大山梓編『山県有朋意見書』、原書房、一九六六年
月脚達彦「大韓帝国成立前後の対外的態度」、『東洋文化研究』一号、学習院大学東洋文化研究所（一九九九年三月）
明治法制経済史研究所編『元老院会議筆記 後期第十八巻』、元老院会議筆記刊行会、一九七四年
松下芳男『明治軍制史論 下』、国書刊行会、一九七八年
梅溪昇『明治前期政治史の研究』、未来社、一九六三年（増補版、一九七八年）
崔碩莞『日清戦争への道程』、吉川弘文館、一九九七年

第四講
利益線論はいかにして誕生したか

軍事的観点から国際関係をみる

第三講で述べた軍事当局者の議論は、日本一国の独立だけを考慮したきわめて独善的な議論でした。山県の意見書からは、不平等条約であった日朝修好条規のさまざまな条項(領事裁判権を認めさせ、さらに往復文書のかたちで関税自主権を奪い無関税を強制した条項、また、釜山のほか二港の開港、日本人の通商活動許可と朝鮮沿海の自由な測量を許した条項などを含む)が、朝鮮社会を混乱させ、朝鮮みずからの手による国内改革を困難にしていった様相への認識は、伝わってきません。

軍事的観点から国際関係をみる場合の問題点はここにあります。日本の独立を守るために必要だと観念されたことが、軍事当局者の手によって、たんたんと実行されてゆく過程として独善的に論じられやすいのです。ですから、朝鮮に対する侵略という点を、読み手や聞き手に自覚させないままで論理を展開することも可能になります。当時の言説が民権派のものを含めて、ほとんど安全保障上の観点からなされていたことを考えれば、おそらく多くの国民が、基本的に、山県なり軍事当局者なりの意見を説得的だと感じたであろうと推測されます。

山県の主権線・利益線論は、朝鮮の中立が日本の独立に不可欠だと、きわめて簡単明瞭な言葉で表現しきったという意味で、換言すれば、東アジアを日本の独善的な観点から論じきる典型を形成したという意味で、注目にあたいするものです。第四講では、山県の主権線・利益線論をみながら、日本と朝鮮の関係、すなわち当時の文脈で、朝鮮の独立、朝鮮の中立といった場合に含意されていた問題について考えたいと思います。

朝鮮はそれまで国号を大朝鮮国としていましたが、一八九七(明治三十)年十月十二日、大韓帝国と改めました。日清戦争後、朝鮮が大韓帝国と改称したことは、高宗が皇帝に即位し、清国と対等な「帝国」として万国公法体制に参入することを試みたと解釈できます。朝鮮政府は、すでに一八八八年から、欧米や日本に対しては、自国の君主尊称として「陛下」を使用していましたが、宗属関係に立つ清国にだけは、「国王殿下」を使っていました。皇帝即位によってそれを改め、すべての国に対して、君主尊称を「皇帝」と呼称するようになった意義は大きなものでした。

山県有朋の主権線・利益線論

一八九〇(明治二十三)年三月、当時首相の地位にあった山県はその意見書「外交政略論」のなかで、日本の独立自衛のためには主権線の守禦とともに、利益線の防護が必要だと論じていました。これが有名な主権線・利益線論です。ここでいう主権線とは、国土すなわ

山県有朋

ち日本の領土のことでありまして、利益線とは、主権線の安全に密接な関係のある隣接地域のことだと山県は説明しています。そして、利益線を防衛する方法は何かと問われれば、それは日本に対して各国のとる政策が不利な場合、責任をもってこれを排除し、やむをえない場合は「強力を用いて」日本の意思を達すること、つまり武力行使であると述べています。「我邦利益線の焦点は実に朝鮮に在り」という有名なフレーズが使われたのも、この意見書においてでした。

山県はこの議論を発展させ、同年十二月六日、第一回帝国議会での施政方針演説に臨みます。その内容はよく知られていますが、だいたい次のようなものでした。——国家の急務とするところは、行政・司法制度を整備し、農業・工業・通商を振興して国の実力をつけ、国家の独立を維持し、国権の拡張を図ることである。列国のあいだにあって一国の独立を維持するには、単に主権線を守護するにとどまらず、進んで利益線を保護しなければならない。明治二十四年度予算中、歳出のかなりの部分を占めるのは陸海軍の経費であるが、巨大な金額をさいたのはそのためである——。

ここで論じたいことは、山県の主権線・利益線という言葉や発想がどこからきたのかという点です。これまで、この問題については論じられてきませんでした。朝鮮問題を危機ととらえ、あたかも「狼少年」のように兵備完整をいつも唱えていた観のある山県であれば、松岡洋右が満蒙を生命線と呼んだくらいのことは（よく考えてみれば、因果関係の前後は逆ですが）山県も思いついたはずだという思い込みが、我々の側にあったのかもしれません。あわせて、なぜ朝鮮が日本にとって利益線となるのかについても、その論理をきちんと説明しておきましょう。近代日本法政史料センター原資料部（東京大学法学部）所蔵の中山寛六郎文書に収められている文書が、それを解き明かしてくれます。なお中山寛六郎という人物は、山県の当時の秘書官でした。

ローレンツ・フォン・シュタイン

文書から明らかになるのは、山県に主権線・利益線という概念を明示的に教えたのは、ローレンツ・フォン・シュタインだったということです。シュタインといえば、我々はただちに、伊藤博文が一八八二（明治十五）年、憲法起草準備のためヨーロッパに出向いた際に親しく教えを受けた、当時ウィーン大学政治経済学教授としてのシュタインを思い出します。シュタインが、明治政府の指導者、なかでも伊藤に与えた大きな影響を三点にまとめれば、①ヘーゲルの法哲学から出発しつつも、パリに赴いてフランス社会主義者と直接交流をもつことによって社会問題の重要性を知り、最も早い時期に、ヘーゲル法哲学とフランス社会主義の総合を試み、それを伊藤らに伝えたこと、②明治憲法の柱となる権力分立の基本構造を伝えたこと、③国家による社会政策の必要性までも伝えていたこと、となります。

山県は、八八年十一月十六日、地方制度調査のためとして欧州派遣を命ぜられ、十二月二日に横浜を出発しました。随員としては、内務省から古市公威《こうい》、荒川邦蔵、秘書官として中山寛六郎、陸軍省から中村雄次郎、軍医として賀古鶴所《つるど》などが同行していました。一行は、翌八九年一月十一日マルセイユに着き、パリ、ベルリンを歴訪したあと、シュタインの待つウィーンに、同年六月に入っています。直接面談の上か、あるいは使者を遣わした上での会見なのかは判然としませんが、山県はシュタインに、ある問題についての意見を求め、そのシュタインの回答が「斯丁氏《シュタイン》意見書　千八百八十九年六月於維也納府」と題された史料となって、中山寛六郎文書にのこされたとみられます。シュタインはコメントを求められた意見書について、会談のなかでそれを「国防論」と呼んでいますが、その意見書が山県の「軍事意見書」であることはほぼ間違いないといえるでしょう。これは山県が、八六年から起草し始め、八八年一月成稿したものの、当時は発表されず、九〇年三月、山県内閣の閣僚に「外交政略論」とともに回覧されたものです。ただしシュタインに渡されたものは、現存する「軍事意見書」そのままの構成をとっていたのではなく、異同のあることは史料から推測できます。

さてシュタインは、山県の「軍事意見書」をどう読み、どのようなコメントを出していたのでしょうか。

「斯丁氏意見書」

シュタインは全体として山県の分析に対して「実に明晰」「正確」との評価を与えていますが、批判的なコメントもしておりまして、その主な内容は三点にまとめられます。

①シベリア鉄道は、ウラジオストックまで全通することがあったとしても、山県が恐れるほどには、日本の脅威にならない。その理由は、東アジアに到達する部分でシベリア鉄道は、中国の領土を通過しなければならないからである。これはロシアにとって一つの制約要因となる。また、日本に侵攻するロシア軍を仮に三万人とすれば、その兵員を客車で運ぶと九〇〇輛を要する。シベリア鉄道は、荒寞たる土地に一線路を敷いたものに過ぎないので、全線路を保全しつつ三万の兵員をアジアまで移動させることは難しいだろう。そして、ユーラシア大陸の東に出れば、日本海を渡るために多くの輸送船を必

要とする。しかも港は結氷する。シベリア鉄道によって、ロシアが日本を蹂躙することはほとんど無理である。

②むしろシベリア鉄道は、「朝鮮の占領に関して必要あるを知るべし」。ロシアはこれによって、東亜に海軍を起こすことができる。このような意味で、シベリア鉄道の着工は日本にとって大問題となるのである。

③イギリスの東アジアへの干渉の度合いが、カナダ鉄道の北米大陸横断によって高まったと山県はみているが、それは違う。イギリス陸軍は、組織が完全ではないので、太平洋には送れないしろものである。また、イギリスがカナダ陸軍を使おうとすれば、カナダ国会の議決が必要となり、そうそう簡単にはいかない。

北太平洋の危機について山県が、シベリア鉄道の着工(一八九一年)や、カナダ鉄道の北米大陸横断によって格段に高まったとの判断を下していたのに対して、シュタインは、シベリア鉄道竣工が日本にとって死活的に重大になるのは、ロシアが朝鮮の占領を考慮したときだけであると論点を整理していています。

次に、シュタインのコメントを、とくに主権線・利益線論に関連づけて読みあげておきましょう。この史料は珍しいものなので、難しい言葉はありますが大事な部分を読んでおきます。

凡《およ》そ何れの国を論ぜず又理由の如何を問はず、兵力を以て外敵を防ぎ、以て保護する所の主権の区域を権勢疆域と謂ふ、又権勢疆域の存亡に関する外国の政事及軍事上の景状を指して利益疆域と云ふ。

主権の及ぶ国土の範囲を権勢疆域といい、その国土の存亡に関係する外国の状態を利益疆域と呼ぶといっています。ここでは、主権線ではなく、主権疆域でもなく、権勢疆域という言葉を用いて訳されています。また利益線ではなく、利益疆域という言葉が使われております。とにかく、権勢疆域と利益疆域という二つの概念を提出して説明を加えているのが、シュタインの側であることに注目してください。

故に軍事の組織は二個の基礎に根拠せずんばある可らず。即ち第一、自国の独立を保護し、自己の権勢疆域内に於て他人の襲撃を排除せざる可らず。第二、危急存亡の秋《とき》に際し、萬已むを得ざるときは兵力を以て自己の利益疆域を防護すべき準備なかる可らず。

ここでシュタインは、軍事の基礎は、権勢疆域を守るためのものと、危急存亡のときにあたって利益疆域を守るためのものとから成っていなければならないと述べているのです。さて、もう一ヵ所みておきましょう。

自己の権勢疆域を有し、守防の地位を占め、全力を以て之を防護するに止まらず、猶各国相互の和戦を論ぜず、苟《いやしく》も我に不利なる挙動あるときは、我れ責任を帯びて之を排除するの覚悟なかる可らざるなり。又之を略言すれば、権勢疆域と相並び、又は其外に渉りて利益疆域を造成せざる可らず。

権勢疆域を守るだけではなく、外国が自国に不利なおこないをしたときには、責任をもってそれを排除しに行かなければならないような区域、つまり利益疆域を積極的につくっていかなければならない、といっています。以上、シュタインの述べるところを簡潔にまとめれば、何があっても外敵を防ぎ保護する主権の区域を意味する権勢疆域と、その存亡に密接にかかわる、外国の政事軍事上の景状を指す利益疆域という概念を導入して、国際政治の要諦についてアドバイスを与えていたわけです。

シュタインは意見書の末尾で、日本の政治家に向かって、朝鮮の独立と主権が緊要だと説くことくらい蛇足の甚だしいものはないといいながらも、次のように続けています。

日本に於て、朝鮮を占領するにあらずして、各海陸戦闘国に対し、朝鮮の中立を保つを必要とす。蓋《けだ》し朝鮮の中立は、日本の権勢疆域を保全するが為めに生ずる所の、総ての利益を満たすものなり。若し一朝、朝鮮にして他国の占有に皈《き》するときは日本の危険言ふ可らず。

日本の利益疆域は朝鮮の中立にあるのだから、これを妨害しようとする者がいたら、「力を極めて之に干渉」しなければならず、「日本の利益疆域を保護する大主義は、現今及将来とも朝鮮の現状を保存するにあるなり」と論をまとめていました。またシュタインは明確に、「露国清国又は英国たるを論ぜず、苟も朝鮮を占領せんとする者は日本の敵国と視做さざる可らず」といって、山県の考え方にお墨付きを与えていました。

しかしながら、朝鮮をめぐって日本がただちに戦争にうったえることを奨めていたわけではなく、たとえば朝鮮半島周辺で英露間に戦争が勃発した場合でも、英露双方から朝鮮の中立を認めるとの言質を得られれば、日本は局外中立のままでいいと述べています。基本的には、①外交上の手段によって、朝鮮と各国間に広範な内容をもつ条約を締結させて、各国が朝鮮の独立を認める方向にもっていく、②スイス・ベルギー・スエズ運河などと同じく、朝鮮を「萬国共同会」の問題としてしまう、などの具体的方法があると助言していました。

山県への影響関係

わたくしのみるところでは、山県の「軍事意見書」(一八八八年一月)に、シュタインの「斯丁氏意見書」(一八八九年六月)の趣旨が加わって、さらに複数の手が入って用語の洗練がなされた上に、山県の「外交政略論」(一八九〇年三月)が成立したと思われます。先ほどのシュタインの意見書で、軍事の組織は、権勢彊域と利益彊域の二つの基礎に根拠を置かなければならないと述べていた部分と、外国が日本に不当なことをした場合に排除しなければならないと述べていた部分の二つを引用しておきましたが、山県の「外交政略論」ではその部分は、次のようになっています。

外交及兵備の要訣は、専ら此の二線の基礎に存立する者なり。方今列国の際に立て、国家の独立を維持せんとせば、独り主権線を守禦するを以て足れりとせず、必や進で利益線を防護し常に形勝の位置に立たざる可らず。利益線を防護するの道如何。各国の為す所、苟も我に不利なる者あるときは、我れ責任を帯びて之を排除し、已むを得ざるときは、強力を用いて我が意志を達するに在り。

先に引用しましたシュタインの二つの言葉（89、90ページ参照）と読み比べてください。用語と論理が似ているのはいうまでもないことですが、利益疆域という言葉が利益線という言葉に、権勢疆域という言葉が主権線と言い換えられてゆく過程で、東アジア情勢の危機がよりリアルに伝わるよう工夫されています。

もちろん、シュタインに指摘されるまでもなく、基本的に山県は、シベリア鉄道竣工の意味するものに、すでに自覚的だったはずでした。「軍事意見書」の段階で山県は、次のように主張しています。――シベリア鉄道がウラジオストックまで全通したとき、ロシアはジレンマに直面するだろう。ウラジオストックまで行けば、北太平洋に直接出られることになるが、この港は冬季に結氷する。鉄道の輸送能力を軍事的に完全に活かすにはどうしたらいいのだろうか。良港はどこにあるのかと地図をみれば、それは朝鮮半島に存在するということになろう――。

このような判断を前提として、「外交政略論」で山県は、より明確に、朝鮮の独立はシベリア鉄道竣工とともに危うくなると指摘しています。そして、朝鮮が独立を保てず、安南と同様の運命をたどれば、東アジア北方はロシアの占有するところになってしまう。このとき具体的な被害をこうむるのは日清両国であって、とくに日本の対馬は、「頭上に刃を掛くるの勢」(ダモクレスの剣の故事にちなむ。非常に危うい状態に置かれていることのたとえ)をこうむるような危機に瀕すると述べています。

シュタインや山県の予想した東アジア情勢の危機は、シベリア鉄道の竣工後、ロシアが朝鮮半島東海岸の港を占領して、極東艦隊の根拠地にしてしまうというシナリオでした。具体的には、半島の東側、日本海に面した元山沖の永興湾をロシアが占領する事態を想定しています。

朝鮮の中立と中立法の概念

シュタインは意見書のなかで、朝鮮を占領するのではなく、朝鮮の中立を保つことが日本の利益彊域だと述べていました。利益線を侵害するものが現れた場合、日本は責任をもって、軍事力にうったえてでも排除しなければならないという意見です。この時期の山県の意見書は、朝鮮の中立を日本の武力で担保せよという指針を与えていたわけです。朝鮮の中立を基本的にこのシュタインの発想の枠内にあったといってよいでしょう。

それでは、ここで改めて、中立という事態はどういうことなのか考えてみましょう。中立、あるいは局外中立という概念は、戦争状態にある二国あるいは三国以上のあいだにあって、そのどちらの側にも与《くみ》する利益がない場合、その国は局外中立を宣言して、戦争に巻きこまれないようにできることを指します。

しかし、西周が一八八三(明治十六)年十一月の元老院会議の発言で正しく指摘していたように、局外中立を宣言するにはそれを実現するだけの軍備が必要でした。西周は、露清間のイリ紛争に際して、ロシア艦が長崎に寄港したことを分析して、「断然に局外中立を守らば憂ふる無きに似たれども、単に局外中立を守るのみにしては足らず。必ず之を守るの軍備を要す」と述べていました。さすがに法制に通じていた西だけあって、中立についての基本的な要素をよくおさえています。古典的概念による中立は、戦争に介入せずに中立国の権利を享受できる状態を指していました。地中海貿易商人の慣習のなかに中立法の萌芽がみられ、一七世紀の半ばには中立商業の自由を原則的に承認する条約がすでに存在していました。しかし一方で、中立商業の自由享受のためには、中立にともなう義務を遵守することが求められていたのです。それは、次のような内容からなっていました。

義務には、①容認義務、②回避義務、③防止義務の三種がありましたが、①は中立国の海上交通を、交戦国が封鎖したり船舶を海上捕獲したりした場合、中立国はそれを容認しなければならないとしたものです。②は、中立国は交戦国に軍事援助を与えてはならず、軍需品を売却してはならず、交戦国の公債に保証を与えてはならないとしています。③は、交戦国が中立国の領域を軍事的に利用するのを、中立国は実力をもって防止しなければならないと規定しています。ですから、朝鮮の中立あるいは朝鮮の独立とは、交戦国による国土の軍事的利用を、朝鮮みずからの力で防止できるかどうか、その点を重要な構成要素として論じられていた概念でした。

ただ、第一次世界大戦中、欧州諸国のいくつかが、二つの陣営から強力に自己の陣営への加入を求められ、その圧力に屈して中立を維持できなかった事実を想起すれば、中立を維持できるかどうかは当該国の軍事力の多寡というよりは、二つの陣営にとって当該国が中立でいたほうが都合がよいとの判断が、双方の陣営に共有されているかどうかにかかってくるといえるでしょう。シュタインもこの点について、英露双方が朝鮮の中立を認める場合は、たとえ朝鮮半島周辺で英露紛争が起きても、その場合、日本は戦争にうったえる必要はないといっていました。しかし、英露が朝鮮の中立を認めず、あるいは朝鮮みずからが中立の維持を実行できない場合には、朝鮮を利益線とする日本が朝鮮の中立を武力で実現するという発想が生まれてきます。

以上、今回の講義では、明治憲法の構想を伊藤博文など日本の指導者に教授したことで著名なローレンツ・フォン・シュタインが、山県有朋の主権線・利益線論の形成に与えた決定的な影響という視角から、なぜ当時の人々が朝鮮半島を利益線と考えるようになるのか、その経緯について説明いたしました。朝鮮が日本の利益線であると明言した人物が、明治憲法体制の生みの親であるともいえる、ほかならぬシュタインであったということは、記憶されていいことだと思われます。

【第四講の参考文献】

月脚達彦「大韓帝国成立前後の対外的態度」

「中山寛六郎文書」　東京大学法学部附属近代日本法政史料センター原資料部所蔵

筒井清忠『昭和期日本の構造』、有斐閣、一九八四年、（講談社学術文庫、一九九六年）

瀧井一博『ドイツ国家学と明治国制』、ミネルヴァ書房、一九九九年

徳富蘇峰編述『公爵山県有朋伝　中』、原書房、一九六九年

由井正臣ほか編『日本近代思想大系4　軍隊・兵士』

明治法制経済史研究所編『元老院会議筆記　後期第十八巻』

日本国際問題研究所編刊『国際研究第二巻　中立主義の研究　下』、一九六一年

第五講
なぜ清は「改革を拒絶する国」とされたのか

第一回帝国議会

第三講と第四講においては、自由民権論者、軍事当局者、シュタインの目をとおしてみた東アジア情勢についてお話ししましたが、この視角からいえば、朝鮮半島を利益線と認識した山県らの軍事当局者が、朝鮮半島から清国の勢力を排除するために日清戦争を起こしたと、すっきりと説明することができます。しかし、主権線は日本の国土を意味し、利益線は朝鮮半島を意味するといわれても、また清国の勢力を朝鮮半島から排除しなければならないといわれても、国権の確立をことのほか重要であると考えていた民権派のような人々でもない限り、普通の国民にはなかなか理解し難かったのではないでしょうか。民権派は、国民が「敢為《かんい》の気」に乏しく、政治や外交のことは自分たちに関係ないという客分意識のなかに安住しているといって国民を批判していました。

しかし、国民としては主権線・利益線に関するシュタインの定義も知らされず、清国と朝鮮の宗属関係の再編が国際関係に与える死活的な影響といわれても、その線からの理解は当時はなされていなかったはずです。それでは帝国議会開設後、日清戦争にいたる過程で、国民は、戦争をどのような論理の筋道で受けとめていくのでしょうか。これが第五講の主題となります。

第一回総選挙にあたって選挙権をもっていたのは、当時の人口約三九三八万人の約一・一四パーセント、約四五万人でしたから、かなり限られた観点からではありますが、まずは帝国議会を舞台とした陸海軍予算の審議状況からみていきましょう。このような選挙人の投票で選ばれた三〇〇名の衆議院議員は、昔日の民権派であった人々を多く含んでいたので、たしかに国民とはかけ離れた存在だったかもしれません。しかし、立憲自由党や立憲改進党などの民党は、政費節減・民力休養をうたって政府と対立するはずの勢力でした。民党の候補者は、第一回帝国議会の選挙に向けて長い時間をかけて、地域の民権結社の支持を基盤に選挙活動をおこなって当選してきた人物たちでした。ですから、議員たちは、数字の上だけの選挙権者よりもずっと広い範囲の聴衆を政治的に育てながら、衆議院で活躍していたと考えてよいでしょう。

一八九〇(明治二十三)年十一月二十九日、第一回帝国議会開院式がとりおこなわれ、同年十二月六日、当時内閣総理大臣であった山県有朋は、衆議院において施政方針演説をおこないました。第四講でもふれたように山県はこの演説で、歳出予算案の相当部分を占めるものが陸海軍経費であることを率直に認め、その理由として、主権線の守護と利益線の防護を挙げていました。そして実際、陸海軍予算は、一般会計歳出総額約八〇〇〇万円のうち、実に二六・三パーセントを占める膨大なものでした。

衆議院における陸海軍経費の削減

山県首相の演説を振り返ってみますと、初めて選出された衆議院議員に向かって意外にも山県が、「共同事務」「協心同力」「協同一致」という言葉を用いて、軍事費を削減しないよう呼びかけていたことに気づかされます。これは無理もないことで、衆議院の勢力配置をみれば、立憲自由党一三〇議席、立憲改進党四一議席で、いわゆる民党は合計で一七一議席(全議席数三〇〇)、過半数を占めていました。いうまでもなく大日本帝国憲法は、帝国議会の権限として、法律の制定に対する協賛権(第五条　天皇ハ帝国議会ノ協賛ヲ以テ立法権ヲ行フ、第三七条　凡テ法律ハ帝国議会ノ協賛ヲ経ルヲ要ス)と、予算の議定に対する協賛権(第六四条①国家ノ歳出歳入ハ毎年予算ヲ以テ帝国議会ノ協賛ヲ経ヘシ、②予算ノ款項ニ超過シ又ハ予算ノ外ニ生シタル支出アルトキハ後日帝国議会ノ承諾ヲ求ムルヲ要ス)を認めていましたので、政府としては、完全に政党の外に立って議会を運営することなどできはしなかったのです。

軍事費をめぐる第一議会の議論がたどった経過をみてみましょう。第一議会に臨んだ民党側のスローガンは、政費節減・民力休養であり、歳出をできるだけ切りつめてその分を地租軽減にあてようというものでしたが、第一議会での政府と民党の攻防をみた場合、果たしてそれは富国強兵路線と民力休養路線の対立だったといえるでしょうか。政府歳出予算額の一一パーセント強の予算を衆議院はたしかに削減しているものの、陸海軍経費関係の削減については、四・九パーセントにとどまっています。つまり、陸海軍費用についての政府原案二一八二万円余を、衆議院はたしかに査定の段階で二〇七六万円に削りましたが、その減額の大部分は武官の俸給などであって、兵器・弾薬・砲台・軍艦製造などの、いわば純粋の軍事費についてみれば、政府原案からわずかに五万円を削っただけでした。

内外の注目を集めた第一議会で予算案をぜひとも通過させようとの意識は、政府側にも民党の側にも強くあったために、結局、妥協が成立し、衆議院側の査定案のうち若干を復活させたかたちで、予算案は衆議院・貴族院の両院で可決されることになりました。軍事費削減について民党側が消極的であったのは、第二講で論じたように、民党側が民権派の対外認識を継承する人々であったからだと判断できそうです。国家の完全な独立を実現するためには、軍事力をつけるのは当然であろうという発想です。

和協への道

以上、第一議会の状況をみてきましたが、第二議会以降、一八九二(明治二十五)年十一月二十九日に開会する第四議会にいたるまでは、衆議院予算委員会は、内閣の計上する軍艦建造費に対して一貫して全額削除する挙に出ています。いったいこれは、どのような事情によるものでしょうか。鳥海靖が明らかにしたところに従ってみていきましょう。

政府は九一年、デモンストレーションのため日本に寄航した、清国北洋艦隊の旗艦定遠、姉妹艦鎮遠の海軍力に対抗するため、軍艦建造費を明治二十六年度予算に計上しました。七ヵ年にわたって総額一六八〇万円余を投入し、三〇センチ砲を装備した一万一〇〇〇トン級の甲鉄艦二隻を建造しようとの計画です。しかし九三年一月十二日、衆議院は軍艦建造費を全額削除し、その他の官吏俸給・官庁経費などを含めて、全体で八七一万円の削減を決定しました。こののち、政府の不同意、衆議院における内閣弾劾上奏案可決、休会、天皇の詔書による局面打開、という一連の流れとなりますが、ここで注目すべきことは、衆議院予算委員長の河野広中（自由党）が次のように述べて、衆議院として反対せざるをえない理由を明確にしていたことです。

此れ軍艦の製造を不急とするに非らず。方今国防の具備を要するは多言を待たざるも、唯海軍部内の積弊未だ洗除せず。未だ大業を託するに足らずとするを以て協賛を為さざるなり。

つまり、軍艦製造が重要なことはよくわかっているけれども、海軍部内の問題が解決されていないから、反対するのだと述べていました。これは第二議会で、いわゆる「蛮勇演説」(海軍予算削減に怒った樺山資紀《すけのり》海相が、今日の日本の安寧を保った功は薩長にありと力説)をおこなって、議員たちの神経を逆なでした海相に対する不快感を依然として表したものでした。過去二回にわたって衆議院側が軍事費を削減してきたのも、これが原因だったのです。もっとも、このときの河野の口ぶりからは、政府側からの何らかの妥協を期待するニュアンスも読みとれます。

ただしここでは、建艦計画の必要性を認めるにやぶさかではないとの、河野の認識に、まずは注目しておきたいと思います。事実、自由党の板垣退助などは、第四議会を前にして、毎年平均五〇〇万円、十年間で五〇〇〇万円を投入して一〇万トンの大海軍を建造するという計画を発表していたくらいです。

結局、伊藤博文首相は、天皇を登場させる局面打開策を選択し、九三年二月十日に詔書(「和衷協同の詔勅」)が出されました。それは議会に対しては、「大業を翼賛せしめむこと」を求め、政府に対しては、行政整理を求め、懸案の軍艦建造費については、今後六ヵ年にわたり毎年三〇万円を内廷費から下附し、不足分は官吏の俸給の一割をあてて補うことを命じたものでした。

以上、衆議院における軍事予算をめぐる攻防からは、利益線の守護が独立自衛への道だと明言した山県の施政方針演説の内容と議員たちの考え方に、軍事費そのものをめぐる部分では、基本的な対立がなかったとみなせます。このようにして、日清戦争を軍事的に可能とする軍事予算は、着実に獲得されてゆきました。

地方新聞の論調

予算が獲得されて清国を想定した軍備が十分に整えられていったとしても、国民の側にとって戦争という事態はあいかわらず、すぐさま素直に受け入れるわけにはゆかないものでした。そこには、やはり一つの飛躍が必要だったはずです。よって次に、日清戦争直前の時期において政府系ではなかった新聞、すなわち自由党や対外硬派（第五帝国議会を解散に導いた反政府連合。民党連合路線を捨てて伊藤内閣との提携を模索し始めた自由党に対抗するためもあり、改進党・立憲革新党・国民協会などで結成。現行条約を厳密に施行することで外国人を圧迫して条約改正を実現せよと主張し、政府と対立）の新聞論調を検討することで、その飛躍を埋めたものについて考えてみましょう。

当時、県を単位とした地域には、自由党や改進党系のユニークな新聞が数多く発行されており、たとえば、千葉県下で自由党系新聞として知られた『東海新報』は、九三年七月十五日と十六日の両日、朝鮮問題についての論説を載せていました。時代は、第二次伊藤内閣のときのことです。——国家のことは政府に一任すべきではなく、官民協同して百年の長計を図るべきで、まさに対韓方策はそれにあたるが、日本は朝鮮を併呑し属国とするのではなく、日本人を朝鮮に殖民する方策をとることが必要である。そうすれば、「彼の半島をして百年永く我が外郭たり、堡塞《ほさい》たるの地位」となすことができる——。これがこの論説の主題ですが、その前段落で当然のごとく論じられている、論説の書き手の外交政略論が興味をひきます。

彼れ〔朝鮮のこと〕にして独立すれば我国に及ぼす利益大なり、彼れにして独立せずんば我に及ぼす影響大なり、今日彼の独立せるは我が外敵を彼土に防禦する所以にして、彼は実に我が外郭たる堡塞たるの地位にあるものと云ふべし、故に朝鮮の独立は我が自衛上より極力以て之を扞護《かんご》せずんばあるべからざるなり。(草廬隠士「朝鮮殖民論」)

ここで登場している、日本の自衛上朝鮮の独立を防衛する必要があるという論は、日本と朝鮮半島の関係を述べた、シュタインや山県の利益線論と変わるところがなく、ほとんど同じ論理展開です。さらにこの論説は、それなら朝鮮を併呑してしまえという論があるが、それは適当ではないと反駁して、次のように述べています。自由党系の新聞だけあって、対外硬派とは一線を画した論になっています。

我にして併呑するの場合に至らば、此等各国〔ロシア、清国、イギリスのこと〕は悠然として黙過するが如きこと万々之れあらざるべく、結局我は此等の各国と争はざるべからざるに至らん。

なぜ朝鮮を併呑してはだめかといえば、併呑すれば英露清などの各国が干渉してくるとの見通しであり、この点も、朝鮮を占領するのではなく、朝鮮の中立を保つことが大切だと述べたシュタインの意見と同じでした。ただ注目すべきは、シュタインや山県になかった点、すなわち日本国民の朝鮮半島への殖民という一点が具体的に語られ始めていることです。しかし、まだこれだけでは、軍事費が調達されることへの同意と、戦争遂行への同意のあいだのギャップは埋まらないはずでした。よって次に、甲午農民戦争〔東学農民運動〕を契機とする一連の事態をみておきましょう。

朝鮮における農民戦争の広がりと戦争の新しい意義づけ

一八九四〔明治二十七〕年三月二十九日、朝鮮全羅道で蜂起した甲午農民戦争が広がりをみせ、五月三十一日、農民軍に全州府を占領された朝鮮国王が清国軍派遣を要請したことで、局面は大きく展開しました。清国軍の一部が、朝鮮国王の要請によって朝鮮に派兵されることになったのです。八五年の天津条約以来、朝鮮から軍隊を撤退させていた清国と日本の関係に一大変化をもたらすべき事件でした。第二次伊藤内閣は六月二日、これに対して、公使館・居留民保護を名分として派兵すること、翌三日混成一個旅団と軍艦を派遣することを、それぞれ閣議決定し、同七日、清国政府に対して天津条約第三款の規定に従って出兵通告をおこないました。

この後の展開はよく知られているように、陸奥宗光外相から清国への農民戦争の共同討伐・朝鮮内政の共同改革の申し入れ（六月十六日）、清国側の拒絶（六月二十二日）、朝鮮駐在公使大鳥圭介による、清・朝鮮の宗属関係破棄その他を要求する朝鮮政府宛最後通牒発出（七月二十日）、豊島沖での戦争開始（七月二十五日）、そして八月一日の宣戦布告となります。しかし、軍事予算が無事議会を通過したり、民党系の新聞が政府と同じような国防観を披露しつつ朝鮮への殖民論を唱えていたりしても、甲午農民戦争に際しての朝鮮出兵から日清戦争にまで、事態が一直線に進んだわけではありませんでした。

ここで、第四講でふれたシュタインの意見書を思い出してください。シュタインはそこで「日本の利益疆域は朝鮮の中立を認むるに在るを以て、苟も之を妨害せんとする者あるときは力を極めて之を干渉せざる可らず」と述べていました。この論理で戦争するためには、甲午農民戦争によって生じた清国軍の派兵が、朝鮮の中立を妨害するものであるとの認識が日本側になければならないはずでした。清国の出方や派兵の規模が曖昧なままだった当時、上述のような認識が広く当局者に抱かれていたかは疑問です。ですから、軍事戦略的な論点からするシュタインや山県の利益線論からは、七月二十五日の時点での開戦は、必然的に導かれるものではなかったといえるでしょう。

つまり、日清戦争が為政者や国民にとって避けられない戦争だと自覚されるには、いま一歩別の媒介物が必要であったはずであり、それは開戦直前に陸奥外相によってなされた、一連の「戦争の意義づけ」作業のなかで付与されたものであったと考えられます。陸奥は「曲を我に負はざる限りは如何なる手段にても執り、開戦の口実を作るべし」と出先の公使館に内訓を与えており、戦争の正当性を獲得した上での開戦がいかに大切か自覚しておりました。

内政改革の提案

九四年六月十六日の、陸奥外相から清国側に伝えられた「朝鮮に関する日清共同内政改革提案」が、「戦争の意義づけ」作業の第一歩となってゆきます。まず、公使館・居留民保護を名目とした日本の派兵は、農民運動の終息とともにすでに根拠を失っていました。しかし、清国軍撤退前に日本軍だけがなすすべもなく撤退することは、国内世論を考慮しても問題であるとされ、派兵の必要性を説明する新たな論理が求められてゆきます。それは、朝鮮の内政を改良するために日清両国が常設委員を置いて必要事項を調査した上で改革に着手すべきだとの提案をおこない、その内政改革を保障するためには駐兵が不可欠だと主張する、というものでした。改革の項目として挙げられていたのは、財政の調査、中央政府・地方官吏の淘汰、必要な警備兵の設置、財政の確立と国債の募集などでした。

しかし、清国側はこの提案を拒絶します。在東京清国特命全権公使汪鳳藻は、清国側が日本側の提案を受け入れられない理由を三点にわたって述べましたが、どれも説得力のあるものでした。

①朝鮮の内乱はすでに鎮圧されたので、日清両国の軍隊が朝鮮にいる必要はない。

②日本政府の朝鮮政府に対する善後策の内容は結構だが、朝鮮の改革はみずからおこなうべきであり、清国でさえそれについて干渉していないのに、まして日本側は朝鮮を自主の邦といってきた国であり、他国の内政に干渉できないのではないか。

③内乱が平定されれば軍隊を撤退するのは、天津条約の規定するところである。

清国側の反論に対して日本側は、内乱から公使館・居留民を保護するという、派兵当初の大義名分が完全に消滅したことを改めて自覚せずにはいられなかったでしょう。また実をいえば、日清協同による内政改革論にしても、このとき日本側においてもこの論理の矛盾についてはある程度自覚されていたのです。たとえば、この時点で伊藤内閣の構成員ではなかった松方正義(当時の蔵相は渡辺国武)は、伝記史料の伝えるところによれば、「我既に朝鮮を以て独立国と為す、而して其内政を改良せんと欲す、是干渉なり独立を傷るものなり、言行相反す」と述べて、内政改革論に賛成でなかったことがわかります。

しかし、清国側の拒絶回答は、日本側にとってはむしろ「好ましい」事態を現出させました。朝鮮の内政改革を推進する日本、これを拒絶する清国というストーリーを対比的に語りうるようになったのです。これまで、シュタインや山県らがかなり軍事的観点から語っていた論理、即ち日本の独立自衛のために朝鮮の独立(中立)を確保しなければならず、その独立(中立)を阻害すべき清韓の宗属関係をなくすためには清国を朝鮮半島から排除するという論理に、内政改革に熱心な日本、それを拒絶する清国という、きわめて単純な対比の論理が加わりました。これは、国民が戦争を理解する上で、軍事戦略論から説く利益線論よりは、有力な論理の筋道を提供していったはずです。

この論理がいかに急速に国民のなかに浸透していったかについては、新聞論調を分析することで明らかになります。

開戦前夜の新聞論調

一八九四(明治二十七)年六月二十三日、日本側は単独で朝鮮の内政改革にあたるという絶交書を清国に送り、両国の軍事的衝突はしだいに時間の問題とみられるようになりました。清国はイギリスの調停を拒否し、日本はそのイギリスとのあいだに、七月十六日、領事裁判権廃止、関税率引上げをその主な内容とする、日英通商航海条約の調印に成功しました。

では、開戦前夜の新聞論調はどのようになっていたのでしょうか。陸奥外相による新たな「戦争の意義づけ」は、国民のなかに充分浸透していったのでしょうか。千葉県下で対外硬派の新聞として知られていた『千葉民報』を例にみてみましょう。たとえば、九四年七月二十六日付の論説「一大快事」は、おおよそ次のような論を展開しています。日本は「東洋前途の平和を維持」するために、朝鮮を厳然たる独立国とする必要があると考え、「国政に一大革新をなさしめんとの勧告」をおこなったが、清国はこれに反してあくまで「朝鮮を属邦視して、傍若無人の干渉政略」をおこない革新政策妨害している、よって開戦すべきだというわけです。清国側が陸奥外相による内政改革提案を拒絶した一件が、この新聞論調に早くも投影されているのがわかります。

また同じ時期に、自由党の機関紙『自由党報』は、日清戦争を「開化と保守との戦争」と位置づけ、日本軍は「文明節度の師」、清国軍は「腐敗怯懦《きようだ》の兵」といって、国民が心の底から清国側の態度を憤激できるような、わかりやすい構図を描いたのでした。改革を推進する日本、拒絶する清国、という対比で彼我をとらえる論説が続出するようになってきます。

またこのような傾向とあいまって、朝鮮に対する要求自体もしだいに大きくなっていきました。『千葉民報』七月二十日付論説「朝鮮を日本の属国とするの利害」では、朝鮮の併呑までもが論ぜられるようになっています。その内容としては、独立の担保のため多くの兵隊と金が必要となるのならば、むしろ朝鮮を日本の属国としてしまったほうがよい、しかしすぐに朝鮮を征服すべきだといっているのではないと論じて、次のような結論に導いています。

徒《いたず》らに朝鮮の独立を担保するが如きは、我責大にして利之に合はず、而して彼が独立を百年の後に継続せんことは殆んど望なきに似たり。

改革を推進する日本、拒絶する清国という対比の論理を得て、新聞などが、積極的に経済上の利害にうったえる論調をとり始めたことがわかります。

文明と野蛮の戦争

当初の利益線論から、朝鮮の内政改革を推進する国、拒絶する国という論理へ、さらに開化と保守の戦いといった論理の変遷の最後を締めくくったのはやはり福沢諭吉でした。福沢は、一八八二（明治十五）年にみずから創刊した『時事新報』の九四年七月二十九日の論説において、よりはっきりと日清戦争を、「文明開化の進歩を謀るものと其進歩を妨げんとするものとの戦」であると位置づけました。非常に有名な文章ですので、一部分だけご紹介しておきたいと思います。

彼等〔清国人を指す〕は頑迷不霊にして普通の道理を解せず、文明開化の進歩を見て之を悦ばざるのみか、反対に其進歩を妨げんとして無法にも我に反対の意を表したるが故に、止むを得ずして事の茲に及びたるのみ。〔中略〕幾千の清兵は何れも無辜《むこ》の人民にして之を鏖《みなごろし》にするは憐れむ可きが如くなれども、世界の文明進歩の為めに其妨害物を排除せんとするに多少の殺風景を演ずるは到底免れざるの数なれば、彼等も不幸にして清国の如き腐敗政府の下に生れたる其運命の拙なきを自から諦むるの外なかる可し。

（「日清の戦争は文野の戦争なり」）

おおよそ、進歩を妨げるようなことを清国側がおこなったのだから、清国兵士には何の罪もないが、日本は文明の進歩のために清国と戦争をしなければならないのだと述べているわけです。この福沢の議論と、八月一日に出された宣戦の詔勅の論理構成は、つまるところ同じです。伊東巳代治が草案を書いた詔勅の文言は、清国と戦わなければならない理由を、清国側の非に帰していました。すなわち「朝鮮ハ帝国カ其ノ始ニ啓誘シテ列国ノ伍伴ニ就カシメタル独立ノ一国タリ。而シテ清国ハ毎ニ自ラ朝鮮ヲ以テ属邦ト称シ」て事実上の内政干渉を加え、また日本による協同内政改革提案も断わり、朝鮮の治安を清国に依存させるようにしている、と述べていたのです。

義勇兵組織熱

文明と野蛮の戦争という、非常にわかりやすい構図を明示された国民は、近代となって初めての本格的な対外戦争を熱心に受け入れました。戦争の実態は、陸奥外相自身、のちの回想である『蹇蹇録』に「朝鮮内政の改革といい清韓宗属の問題というも、畢竟その本源に溯れば日清両国が朝鮮における権力競争の結果」と述べていたように、世界史的な帝国主義戦争の一環にほかなりませんでした。

しかし、日清開戦直前の時期には、さまざまな背景をもつ人々が、戦争に参加するための義勇団体を結成するようになります。第二講で述べましたが、日本の現状を救うために対外侵略にうったえる回路をもつアジア主義的な発想とも、この義勇団体組織運動は関係をもっていました。『大阪毎日新聞』九四年六月二十五日付には、広島県人五〇〇名が陸軍省に従軍願いを出したとの記事が報じられていますし、『東海新報』同年七月二十二日の記事は、熊本県下、自由・国権両党協同して結成された報国義団について報じていました。

この場合、士族層・対外硬派だけでなく侠客までもが義勇兵として参加しようとしたもので、文明対野蛮の戦争を意気に感じたというよりは、日清戦争を、朝鮮の「独立」確保のための義挙としてとらえていたことがわかります。征韓論以来、政府によって抑えられてきた民間のアジア主義的対外膨張熱が、遅まきながら小規模に暴発したようなものでした。政府側としては、往年の征韓論を髣髴とさせるような対外膨張熱が無軌道に拡大することを恐れ、全国的な広がりをみせた義勇兵応募に歯止めをかけています。

国民の戦争

一八九五（明治二十八）年四月十七日、日清講和条約が調印されて、戦争は終結しまし

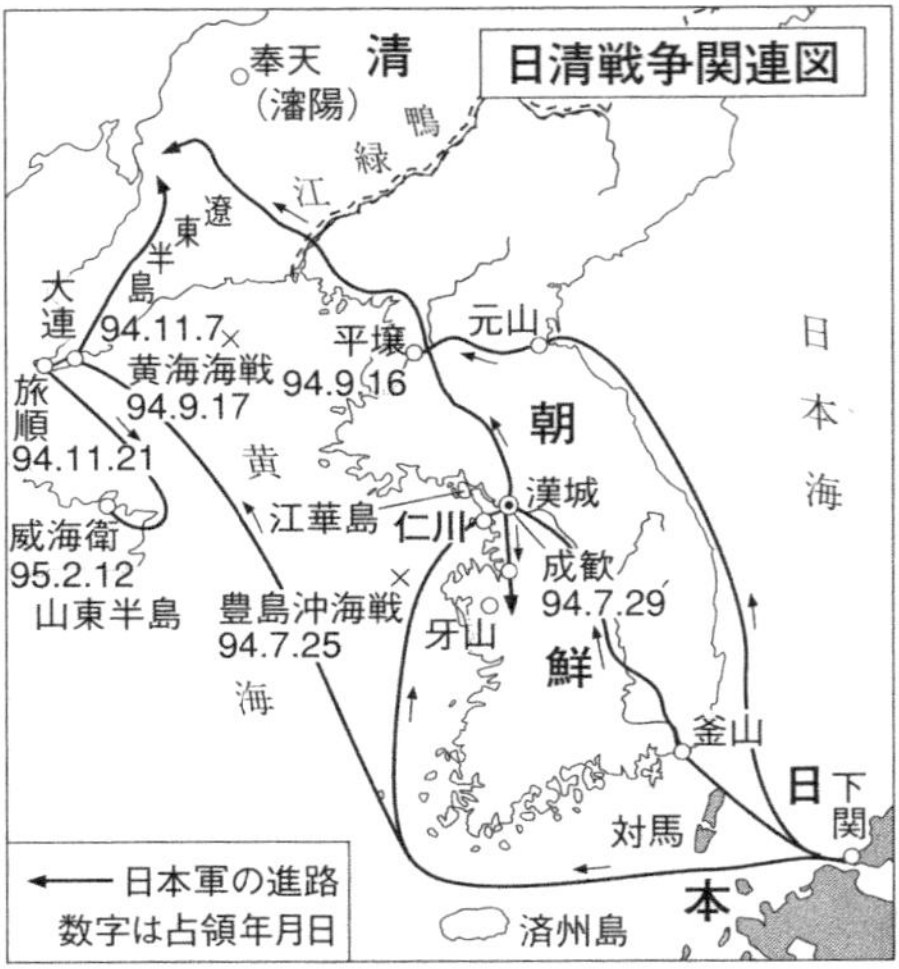

た。戦争の経過については、地図をご覧ください。

さて、戦勝を国民がどのように受けとめ、またどのように祝ったのかという点でも、日清戦争は、のちの前例となるべき興味深い例をのこしています。

たとえば、未だ戦争が終結する前、第二軍の旅順口占領を祝した祝捷会についてみてみましょう。九四年十二月二十六日、山梨県甲府市で開催された甲府市第一祝捷会の様相を伝えた『山梨日日新聞』は、清国の人民が日本の「王師を迎へ、我王化に服する」ようになり、「其れ邪は以て正に勝たず、蛮野の兵は以て文明の師に敵すること」ができないのは理の当然であると書くとともに、軍需物資がよく供給され、軍人の家族を扶助し、軍隊をして後顧の患をなからしめたのは、ひとえに国民の「愛国殉公」の結果であると称えていました。つまり、野蛮な国の軍隊が文明国の軍隊に勝てないのは道理であり、戦争がうまく遂行されたのは、国への国民の献身があったからだと書いていました。

祝捷会への参加を人々が心待ちにしていた様子については、山崎源之弼の日記「黙示録」九四年十二月九日の条に出てきます。山崎は、一八七四(明治七)年、千葉県香取郡植房村(現神崎町)の生まれで、この日清戦争勃発の年に明治法律学校を卒業していました。父山崎源左衛門は民権期から活躍していた自由党員でした。

百万の子女、百万の老幼、百万の紳士、百万の田舎者が待ちに待ちたる祝捷大会なるもの、乃《すなわ》ち今日なり。場所は上野、会員は五万(中略)見世物は寧ろ祝捷会よりも花見会として朝来より夜に至る迄上野、下谷、本郷、日本橋を撼動せり。

玄武門をかたどったアーチが建ち、花火、楽曲などの余興も多数催され、上野という場所で、五万人規模の人々を集めて祝捷会がなされていたことがわかります。

新しい土地の獲得と賠償金の獲得は、第二講でお話ししました普仏戦争の事例を用いた歴史的教訓の正しかったことを人々に想起させたと思われます。ここから、戦争は儲かるはずであるという感覚まではもう一歩のところにありました。山梨県などでは、戦時中、軍事公債を買うことを県民に勧める際に、公債に応募することは国威の宣揚に資するだけではなく、「各自の為めにも最も安全の貯蓄法」であるとして勧誘していたほどです。

日清戦争は、かなり観念的な軍事戦略上の問題から要請されて長らく準備されてはいましたが、政府全体のレベルでは、伊藤博文などの政治指導によって、武力対立にいたる道は周到に回避されてきました。しかし、実際に戦争を起こす段階になってからは、軍事戦略上の問題とは次元を異にする論理が用いられるようになり、最終盤では、いくつもの論理が援用されて一挙に戦われたということです。内政改革を推進する国と拒絶する国とのあいだの戦争、開化と保守のあいだの戦争、文明と野蛮のあいだの戦争、朝鮮独立確保のための義挙など、戦争の意味づけはさまざまに変化していきました。現実の問題としては、開戦後は国民も国家もともに、戦争によって得られる現実的な利益への期待感を隠さず語るようになることで、戦争を受けとめる構造が形成されていったといえるでしょう。

戦後の課題

日清戦争に勝利した日本は、一八九五年四月十七日、清国と日清講和条約（下関条約）を締結しました。条約の内容は次の四点にまとめられます。

①清国は朝鮮国が完全無欠な独立自主の国であることを確認し、朝鮮国の独立を侵すよ

うな清国に対する貢献典礼を全廃する。
②遼東半島・台湾・澎湖諸島の割譲。
③軍費賠償金として庫平銀二億両の支払い（邦貨三億一〇〇〇万円、のちに三国干渉で遼東半島を還付したことに伴う補償金四五〇〇万円が加わる）。
④新たに沙市・重慶・蘇州・杭州の四港を開くこと。

しかし周知のごとく、遼東半島の割譲はロシアを刺激し、三国干渉の結果、遼東半島は清国に返還されることになります。ただ、日本にとって真に問題となる事態は、この三国干渉ではありませんでした。問題は、晴れて清国の宗属関係を離れた朝鮮が日本とどのような関係に立つのか、その将来像が終戦の時点で皆目明らかになってはいなかったことです。

陸奥外相は、日清戦争にいたるまでの清韓宗属関係についての見方を『蹇蹇録』に記しています。その見方で特徴的なのは、清国の朝鮮への影響力行使の仕方が、国際法にいう宗属関係ではないという点からの批判でした。「清韓の関係は普通公法上に確定せる宗国と属邦との関係に必要なる原素を欠く」「国際公法上普通の見解に拠るいわゆる宗国と属国との関係」にないにもかかわらず、朝鮮を属邦として扱うのはおかしいという指摘です。「必要なる原素を欠く」という部分に、とくに目をひかれます。このような指摘を自覚的におこなってきた日本であれば、日清戦争後、朝鮮にさらなる影響力行使を図ろうとした場合、どのような論理が必要となるのでしょうか。日本は、国際公法にいう完全なる宗属関係の「必要なる原素」を獲得しようとするのでしょうか。この問いについては、次回の講義でお話ししたいと思います。

【第五講の参考文献】
フォン・シュタイン『兵制学』、木下周一・山脇玄訳、ドイツ協会、一八八二年
牧原憲夫『客分と国民のあいだ』、吉川弘文館、一九九八年
大山梓編『山県有朋意見書』
鳥海靖『日本近代史講義』、東京大学出版会、一九八八年
同「藩閥対民党」、内田健三ほか編『日本議会史録 1』、第一法規出版、一九九一年
高橋秀直『日清戦争への道』、東京創元社、一九九五年
千葉県史料研究財団編『千葉県の歴史 資料編 近現代1』
檜山幸夫「伊藤内閣の朝鮮出兵決定に対する政略論的検討――日清戦争前史として 上・下」、『中京法学』一八巻一・二合併号、一八巻第三号(一九八四年)
同「日清戦争宣戦詔勅草案の検討 (一)(二)」、『古文書研究』一三号(一九七九年六月)、一五号(一九八〇年九月)
同 編著『近代日本の形成と日清戦争』

「侯爵松方正義卿実記」、藤村通監修『松方正義関係文書　4』、大東文化大学東洋研究所刊、巌南堂、一九八二年
岡義武「日清戦争と当時における対外意識」、『岡義武著作集　6』、岩波書店、一九九三年
慶応義塾編『福沢諭吉全集　14』、一九六一
坂野潤治「福沢諭吉に見る明治初期の内政と外交」、『近代日本の外交と政治』、研文出版、一九八五年
陸奥宗光『新訂　蹇蹇録』、中塚明校注、岩波書店、一九八三年
大谷正・原田敬一編『日清戦争の社会史』、フォーラム・A、一九九四年
山梨県編刊『山梨県史　資料編14　近現代1』

第六講
なぜロシアは「文明の敵」とされたのか

「国民国家システム」の国際秩序

日本は、戦争の結果締結された日清講和条約によって、朝鮮国が「完全無欠の独立自主」の国であると、清国に認めさせました。清国の影響力が朝鮮半島から排除されたことで、少なくとも軍事戦略論＝利益線論に基づく戦争目的は、これによって達成されました。のみならず、国際秩序の観点からいえば、日清講和条約は東アジアの国際関係を、宗属関係の強化再編をめざす清国を中心とした国際秩序から、「国民国家システム」の国際秩序へと、最終的に移行させるはたらきをしました。それについて少し説明を加えておきましょう。

まず、ここでいう国民国家の定義に関しては、さしあたりA・ギデンズによる説明を採っておきます。国民国家とは、「他の国民国家と形づくる複合体のなかに存在し、画定された境界（国境）をともなう領土に対して独占的管理権を保有する一連の統治制度形態であり、この国民国家による支配は、法と、さらに国内的および対外的暴力手段に対する直接の統制によって正統化」される状態を指しています。国民国家は、他の国民国家とのシステム的関係においてのみ存在すると考えられますので、普通それは「国民国家システム」と呼ばれています。

これまでは、清韓宗属関係が軍事戦略上障碍《しょうがい》となるから、日本はそれを変えようとしたのだと説明してきたわけですが、これを少し「国民国家システム」の観点からも説明しておきましょう。つまり、歴史をあとからながめた場合、最終的に「併合」という名辞を考え出し、韓国（一八九七年から大韓帝国を国号としていた）を植民地とした日本が、日清講和条約締結時においては、朝鮮を「完全無欠の独立自主」の国であると定義したことなど、手の込んだ欺瞞としか映らないでしょう。しかしそれは、国民国家システムを前提として国際秩序をみる現在の見方であって、日清講和条約締結以前においては、たとえば、「朝鮮は清国の封土ではない」という、現在の観点からすれば自明な問題自体が、実は論証困難な問題だったかもしれないと想起する必要があります。つまり、国民国家システムにすでに組みこまれた国家が（この場合は日本）、そうではない国家（この場合は大韓帝国）と関係をもつ際には、「完全無欠の独立自主」の国としてみずからが規定した国を、次の段階では「併合」する事態も起こりうるものなのではないかと考える観点です。

少し時期はさかのぼりますが、一八七五（明治八）年の江華島条約を機に、日本は朝鮮にせまって、翌年、日朝修好条規を締結します。その際、日本は清国駐劄（北京）公使森有礼に李鴻章と談判させていました。朝鮮に開国をせまるにあたって、清国の干渉可能性をはかりつつ、一方で、朝鮮に開国せよと清国が説得してくれるのではないかと期待してなされた談判でした。このとき清国は、日朝間の事態に干渉の意思はないとの態度をとりましたが、森の書いた外務卿宛て機密電信には、非常に興味深いやりとりがあります。

朝鮮の地は清国の属領ではなく、よって清国は朝鮮の内政に関与できないと李鴻章が主張し、また外交のことも朝鮮の自主にまかせていると明言したのに対して、森は、それでは清国と朝鮮が宗属関係にあるとする清国の主張と矛盾すると決めつけています。ほぼ二十年後に、陸奥が、「清韓の関係は普通公法上に確定せる宗国と属邦との関係に必要なる原素を欠く」と、述べていたことと、つまるところ同じことを森は指摘していたのです。

「夫れ内政外交の権利を全有するの国は、其政体勢力等の如何に拘らず、之を独立自在の国と云ふ。是れ公法諸家の皆其説を同する所」(一八七六年一月二十日付)である。つまり朝鮮政府が内政外交の決定権をもっているとすれば、それは万国公法にいうところの独立の形態にほかならず、こういうことは、『万国公法』の第二編第一章第六三条に書いてあることである、として森は、李鴻章の議論は理解不能だと反駁しています。森と李のやりとりは、華夷秩序による中華帝国システムと国民国家システムの、まさに境界部分で実際に起こっていた問題が何だったのか、を知る手がかりとして読めるものです。

いずれにしても、日清講和条約によって、朝鮮が「完全無欠の独立自主」の国と定義されたことは、東アジアの国際関係が、中華帝国システムではなく国民国家システムで律せられる構造に変わったことを示した点で、象徴的な事件であったわけです。日本の軍事的・政治的圧力のもとで、朝鮮は一元的な万国公法体制、国民国家システムに編入されてゆきました。これによって清国自体も、国民国家システムのなかで帝国主義列強との新しい関係に入ってゆくことになります。

大朝鮮国から大韓帝国へ

三国干渉の結果、当然のことながら、日本とロシアのあいだの緊張は高まりました。そもそもロシアは、七五年の樺太千島交換条約で北千島を日本に譲っていましたから、極東の制海権に関係の深い、宗谷海峡、津軽海峡、対馬海峡の三海峡のうち、宗谷海峡を事実上失っていたことになります。また、津軽海峡の海流は非常に速く、しかも北海道と津軽半島のあいだにありますので、ロシアにとってはその通行に非常な危険を伴います。すると、残るは対馬海峡となるわけで、日清戦争の結果、朝鮮半島南端への日本の影響力が強まることになれば、ロシア海軍が太平洋に出るすべての海峡を、日本にコントロールされるという事態が起こりうるようになりました。

しかし、日清戦争の結果、朝鮮への日本の影響力が単線的に強まったわけではありませんでした。朝鮮国内では、九五年七月から、高宗と閔氏一族によって親露政策が採られるようになります。朝鮮王室がこのような政策に転じたのはなぜでしょうか。一言でいえばそれは、前年十月、特命全権公使として着任した井上馨のおこなった内政改革(甲午改革)があまりに急進的なものであり、王室の権力基盤をくずすものであると認識されたためでした。井上による改革の骨子は、①宮中・府中の区別の導入、②近代的官僚制採用と地方自治制導入、③財政一元化、租税金納化、新式貨幣発行などの財政改革、④諸身分廃止、嫡庶子差別撤廃などの社会的改革、⑤甲申事変後中断されていた留学生海外派遣を復活することなど、の五点からなっていました。全体として、日本人顧問の監督下に近代的法治国家を創出すること、借款供与と利権獲得による朝鮮経済の日本への従属化を推進する改革であったといえるでしょう。

ところが、このような改革プランがまさに実施されようとしたとき三国干渉が起こり、朝鮮国内における日本の威信は減退してゆくことになりました。このような形勢を挽回するために、九五年十月、朝鮮特派公使三浦梧楼らは、大院君をかついで、高宗の妃閔妃(明成皇后)とその一族をクーデターによって排除しようとしました。これが閔妃暗殺事件、あるいは乙未政変といわれるものです。閔妃が親露派政権を樹立したことに脅威を感じた日本が、このような暴挙に出たものでした。しかしこの事件によって、近代化をめざす内政改革に本来反対ではなかった朝鮮国内の諸政治勢力のあいだに、内政改革はしょせん日本を利するだけであると警戒する感覚が生じることになりました。高宗らによる、列強の勢力角逐を利用した勢力均衡策が選択されてゆく背景には、このような事態の進展がありました。

高宗らはロシアの力で独立を維持しようと考え、ロシア軍の派遣を求めます。ロシア公使館も本国へその旨要請しましたが、日本を挑発するような行為を避けたいロシア外務省は、これに応じませんでした。そこで九六年二月、高宗らは王宮を出て、ロシア水兵の護衛でロシア公使館に居を移し(俄館播遷)、それにともない、改革派と目された政治勢力も一掃されてゆきます。高宗は翌九七年二月、ロシア公使館から慶運宮に還御し、十月、皇帝に即位するとともに、国号を「大韓」と改めます。皇帝即位の必要性は、日本および清との対等性の確保にあったものとみられ、ロシアやフランスは、これに積極的な支持を与えていました。事実、最初に公式の承認と祝賀を伝達したのは、ロシアでした。日英米はロシアの影響力増大を警戒したものの、即位礼式翌日の謁見式に公使を出席させ、国書の交換のおりなどに「大韓国皇帝陛下」の尊称を用いることで、承認の実を示しました。

ロシアの流儀

外交史上決定的に重要な事件が同じ年に起こることはよくありますが、一八九八年を頂点とする東アジアの変動は、そのなかでも特筆されるべきことでしょう。第一の動きはロシアによってもたらされました。一八九五年七月、ロシアはフランスとともに、清国が対日賠償金支払いのために必要とする四億フランの共同借款供与を決定しました。イギリスやドイツが清国とのあいだで賠償金のための借款を成立させるのは、翌年九六年三月ですから(一六〇〇万ポンド)、ロシア側の対応の早さがわかります。

九六年六月、ロシアは、ニコライ二世の戴冠式に出席した李鴻章に莫大な賄賂を贈って、露清防敵相互援助条約(対日秘密条約、李・ロバノフ密約)を締結しました。これは、黒龍江・吉林両省を通ってウラジオストックに通じる中東鉄道(東清鉄道)敷設権を、ロシアとフランスの実質的資本に支えられた銀行に与えるものでした。さらに同年十月には、東清鉄道に関する条約が改定され、黒龍江省・吉林省・盛京省の東三省鉄道とシベリア鉄道の接続が認められることとなりました。九七年十二月、ロシアは旅順に軍艦を入港させた上で、借款供与の条件として、満蒙(満洲と内モンゴル=蒙古=地方の総称)の鉄道敷設、工業の独占権、黄海沿岸の一港の租借を、清国に要求するまでになりました。

ここで、第四講で述べましたシュタインの意見書を思い出してください。シュタインは、九一年に起工された(竣工は一九〇四年)シベリア鉄道を、日本が山県のいうほどには恐れなくてよい理由として、①中部ロシアなどの膨大な線路をロシア側が維持するのは困難、②

南下ということを考えれば、朝鮮半島北部や遼東半島に出るためには、ロシアは清国領土を通過しなければならず、この制約は大きい、という二つの理由を掲げていました。しかし、シュタインの文脈では、朝鮮がロシアに占領された場合は話は別で、日本にとってゆゆしい事態の発生であり、朝鮮の中立維持は、まさに日本の利益線となるはずでした。

そしてここに、ロシアが東清鉄道敷設権を清国から獲得し、さらに東三省鉄道とシベリア鉄道との接続が認められるという事態に進展します。事態はまさに、シュタインの付した条件の②を吹き飛ばすことになっていくわけです。決定的だったのは、ロシアが九八年五月、清国国内における排外主義運動の責任と、清国の対日賠償金を援助した担保として、旅順・大連の二十五ヵ年間の租借を要求し、満洲を横断する東清鉄道から旅順・大連までの南支線の敷設権をも獲得したことでした。ロシアは旅順まで南下できるようになったのです。それは、渤海湾周辺へのロシアの制海権を決定的なものとし、渤海湾に面した天津から北京にいたる死活的に重要な経路へのアプローチを容易にしました。

さらに、すでに述べたように、韓国の高宗が親露政策をとっていたことも、あわせて考えなければなりません。ロシアは韓国に軍人を派遣し、軍事教官の派遣と国王警備隊の編制について協議しています。ロシア人アレクセーエフが韓国の財政顧問、関税長に任命され、露韓銀行も開設されました。シュタインや山県の発想からいえば、ここに日本の命運は尽きるといえる程の危機的状況が生まれます。

一八九八年　イギリスの政策転換

ロシアが極東情勢を一変させるような挙に出た一八九八年は、イギリスの政策にとっても大きな変化がみられた年でした。まず、極東情勢全般の変化について、最初におさえておきます。日清戦争の影響についていえば、第一のインパクトは、清韓宗属関係を最終的に否定したことで、東アジア世界が国民国家システムへと移行する構図が決定的になったことです。第二のインパクトは、戦争の結果、対日賠償金支払い義務を負った清国に対し、諸列強が、借款供与の担保として利権を獲得していく道を開いたことでした。

そしてその際にロシアは、清国に対していち早く借款供与の提議をおこない、借款供与の担保条件交渉のなかで、鉱山採掘権・鉄道の敷設権・港湾の租借を、他国への均霑《きんてん》（利益の平等な配分）を許さないかたち、つまり排他的なかたちで要求を突きつけました。このロシアの流儀に最も敏感に反応したのが、イギリスです。圧倒的な対清貿易の支配力をもっていたイギリスはそれまで、対清政策の基本を清国官憲の制約から自国民の経済活動を擁護することに置いており、そのほかの清国に対する要求といえば門戸解放維持を声高に唱えるくらいのものでした。しかし、ロシアの出方はイギリスをいたく刺激し、イギリス外務省はロシア政府に対して、率直にその危惧を表明して、ロシア牽制に乗り出します。

北京に最も近接している地域も含めて中国の陸境と四千マイル以上にもわたって隣接している一大陸軍国が、中国の政府に対してそれ相応の影響力をもたないことはあり得ないことである。イギリス政府は、ロシアがこれに加えて渤海湾の一港を支配する必要を認めたことを最も遺憾なことと思考するものである。ロシアによる同港の支配は、渤海湾の他の部分が現在の中国政府のごとき弱体政府の手にあるかぎり、中国の首都への海上要路を制圧することとなり、それによりロシアは、すでに十二分に陸上において確保している戦略的優位を、同じく海上においてももつこととなるであろう。

（ケナン『アメリカ外交50年』）

イギリスの論じているのは、清国に対して陸上における戦略的優位をすでにもっているロシアが、海上においても戦略的優位をもつようになるのは、イギリスとして黙視できないということです。

ロシアの圧倒的な戦略的優位の確立という事態を前にして、イギリスも対清政策見直しを余儀なくされ、貿易や商業における門戸開放原則の維持から、勢力範囲の排他的確保という方向へ動きます。ジョージ・ケナンが五十年も前にその名著『アメリカ外交50年』において わかりやすく述べていたように、列強の経済活動の内容自体が、これまでの商業・貿易上のものから、借款担保としての鉄道敷設・鉱山開発へと移行したことで、他国が獲得したそのような権利をイギリスも等しく得ようとするなら、門戸開放原則を唱えているだけでは不可能になっていったわけです。

九八年一月、イギリスは一二〇〇万ポンドの借款に対する条件を清国に提示しました。それは、ビルマから長江にいたる鉄道の敷設権・長江流域の他国への不割譲などでした。これを合図に、ドイツは同年三月、膠州湾・青島の九十九年間の租借、膠済鉄道敷設権・沿線の鉱山採掘権を獲得（膠州湾租借条約）し、ロシアも先に述べましたように、同年三月、旅順・大連の二十五年間の租借、東清鉄道南支線の敷設権を獲得（旅順・大連租借条約）しました。イギリスはさらにロシアへの対抗措置として九八年五月、渤海湾の反対側に威海衛を軍港として租借する挙に出ます。また六月には、すでに王領植民地としていた香港島の対岸、つまり中国本土の側の九竜半島を九十九年の設定で租借するのです。

一八九九年　アメリカの門戸開放宣言

このイギリスの意味深い措置に対して出されたのが、一八九九年九月六日付のアメリカ国務長官ジョン・ヘイの門戸開放宣言（正式には「商業上の門戸開放政策に関する宣言」、第一次通牒。その内容は、各国は清国におけるその勢力範囲または租借地域内において条約港または既得の権益には干渉しないこと、また関税や港税、鉄道運賃面で他国に対し不利益な待遇を与えないこと、の二点）でした。背景には、イギリスによる公平な海関運営を機軸とした自由貿易体制維持を死活的だと考える人々や、中国海関で主要な地位にいたイギリス人たちの影響がありました。この宣言に対して、イギリス・ドイツ・ロシア・日本・イタリア・フランスの各国は、さまざまな留保をつけた上で、これに原則的には同意を与えています。

ここで注意しなければならないことは、次に引くような、門戸開放宣言についての一般的な解釈が、二回目の門戸開放宣言（一九〇〇年七月三日付の第二次通牒で、中国の領土保全をおこなうことが加えられた）の内容に引きずられたものとなっていることです。すなわち、門戸開放宣言は、東アジアへの勢力範囲分割競争に出遅れたアメリカが、勢力範囲を否定することで中国の領土保全をうたい、しかし結果的には自らの経済的影響力を列強の勢力圏全体に浸透させようとする目的でなされたものであった、と。

しかし、中国の領土保全についてアメリカが言及したのは第二次通牒においてです。当面ここで大切なのは、門戸開放宣言の発想自体がアメリカ固有の考え方から発したものではなかったということです。海関にかかわるイギリス人たちは、自国政府が九竜半島を租借して、そこを拠点に香港を迂回し、清国の海関を無視して事実上の密貿易をおこなう先例をつくれば（イギリスが当初、九竜を租借した意図はまさにそこにありました）、そしてその先例が他国に真似されれば、各地の海関自体の崩壊を招き、清国政府の財政的破綻を招くと考えていました。彼らは手を尽くして、アメリカが何らかの宣言を出すような素地をつくり、その結果、清国駐在のイギリス人たちは、「アメリカ政府にその音頭をとらせることによって、中国における海関の利益をあまり阻害しないように行動するよう、イギリス政府に圧力を加える便利な迂回的方法を発見した」（ケナン前掲書）というわけです。

このように、極東の一大陸軍国ロシアが、渤海湾の要港旅順・大連を手にしたことによって、海上においても戦略的優位を確保した事態を憂慮したイギリスは、これまでの帝国の運営方針の変更を意味する政策の転換をおこないました。一方、その方向を憂慮する清国海関を管理するイギリス勢力は、本国イギリスの方針転換に歯止めをかけるために、アメリカという裏口を利用して、アメリカに門戸開放宣言を出させることに成功しました。ロシア、イギリス、アメリカという順番で衝撃の連鎖反応が起こったのです。

こうして最終的には、門戸開放宣言として知られるようになる宣言が発せられたわけですが、この宣言は日本にとってどのような意味をもったのでしょうか。

一九〇〇年、ロシアが義和団事件（列強による山東半島租借などに危機感を抱いた民衆が「扶清滅洋」のスローガンを掲げて武装集団化し、一八九九年に蜂起。翌一九〇〇年には天津を占領し、北京も掌握したが、同年八月十四日、英・米・ロシア・日本などの列強八ヵ国連合軍によって制圧された）に乗じて南満州を占領したことから、日本のみならず世界の注目は、いつ彼らが撤兵するのかという点に集まりました。一九〇二年四月に締結された「満洲還付に関する露清条約」では、条約調印後六ヵ月以内に盛京省西南部地方の軍隊を撤退させること（第一期）、次の六ヵ月以内に盛京省残部および吉林省の軍隊を撤退させ（第二期）、またその次の六ヵ月以内に黒龍江省の軍隊を撤退させる（第三期）ことが、ロシアと清国とのあいだで確認されていたはずでした。

長城に一番近い地域からの撤兵、すなわち第一期の撤兵はつつがなくなされたものの、第二期以降の撤兵にロシアは応じませんでした。そして、一九〇三年四月十八日、撤兵の見返り条件として、ロシアは清国に対し七項目の要求をおこなったのです。この間の一連の事態について『萬朝報《よろず》』は、ロシア側の撤兵方針について詳細に報道していました。

『萬朝報』にみるロシアの撤兵問題

一九〇三（明治三十六）年一月十三日付の記事は、次のようなものでした。

露国自ら満洲より撤兵すといひ、既に其の第一回撤兵を終れりと曰ふも、是れ全然事実に非ずして彼は依然満洲の占領を継続しつゝあり、現に其の撤退したりと称する軍隊は僅かに服装を更たるのみ。
（「露国の満洲占領」）

ロシアの軍人が軍服を脱いでいるだけで、実態として本当に撤兵がなされているのではないと報じているのです。同年二月十六日の「満洲重要都市開放の要求」では、より直接的に門戸開放について、「均霑」という用語を使って語っています。すなわち記事の前半部分で、近づきつつある第二次撤兵期限に際して、ロシアは表面上撤兵するだろう、しかしおそらく第一回の例と同じく、東清鉄道敷地圏内に移入したり、兵装を解いて人夫に擬装したりして、駐屯軍の大部分は最終的に撤兵しないのではないかとの解説を加えています。そして、記事の後半部分では、日本政府が対清通商条約改正談判において、満洲開放の主義を清国側に認めさせようとしている旨を報じていました。日本政府の主たる要求は、清国が満洲において通商貿易上ロシアに与えた特権を、最恵国条款を適用して日本にも均霑させるべきだというものでありました。『萬朝報』の記事は、中国、とくに満洲地域への門戸開放要求の線で、撤兵を要求していたわけです。

この時期の『萬朝報』には、未だ幸徳秋水なども籍を置いていました。東京市の中下層階級を読者層としていた『報知新聞』などが、日露の関係や韓国問題について、この時期ほとんど論じていないことを考えれば、『萬朝報』が二面で継続的に、同問題を論じていたことは特筆にあたいするでしょう。

吉野作造の征露論

アメリカの「門戸開放宣言」の文脈から、南満洲を門戸閉鎖するロシアは文明国ではないとのテーゼを、決定的なかたちで導いたのは吉野作造でした。義和団事件に端を発して満洲地域に軍政をしき、貿易について門戸閉鎖をするロシアという文脈で、吉野はロシアを批判していました。吉野は「征露の目的」と題する論文（『新人』一九〇四年三月号）で、「吾人は露国の領土拡張それ自身には反対すべき理由なく、只其領土拡張の政策は常に必ず尤も非文明的なる外国貿易の排斥を伴ふが故に、猛然として自衛の権利を対抗せざるべからざる也」と述べています。吉野の論理では、貿易が自由におこなわれない状態を、非文明と呼んでいたわけです。

吉野の議論は、事実上、日露戦争開戦（一九〇四年二月十日宣戦布告）とほぼ同時に書かれたものでありますので、その目的は国民世論を開戦論に導くということではなく、この戦争がどのような戦争なのかを明晰に語るという点で意味があったものです。貿易に関する門戸開放を認めない国が非文明国であるという非難は、門戸開放宣言後に初めて可能となる概念でしたが、対外貿易が日本経済に占める比重そのものも、この時期画期的に上昇していた点にも注意を払う必要があります。

一八八五年から九〇年の経済成長の要因は、企業による設備投資や建設投資であり、九〇年から一九〇〇年のそれは、政府による設備投資や政府経常支出によるものでした。これに対して、一九〇〇年から一〇年にかけての成長の要因としては、輸出の寄与率が高いことが経済史の研究で明らかにされています。総需要のなかで輸出の占める割合は、一八八五年の四・九パーセントから一九一〇年の一二・八パーセントに上昇しており、資本制確立期の経済成長が、輸出拡大によって加速されていたことがわかるのです。そして、輸出相手地域は、韓国と満洲でした。このような時期であれば、通常にも増して、貿易に関する門戸開放を満洲で認めないロシアという国に、非文明というレッテルを貼ることは説得力をもったでしょう。

臥薪嘗胆という、十年も前の三国干渉時に唱えられたスローガンで、為政者や国民が戦争を準備したり受けとめたりできたというのはおそらく無理があるでしょう。シュタインに教えられた構図どおりの危機が目前に迫り、そこにアメリカの「門戸開放」というスローガンが十分に浸透し、経済指標もそのスローガンの死活的重要性を支持したとき、ロシアは「文明の敵」と名指しされていったのだと考えられます。

有効な反戦論とは

ここまで論じてきたことを振り返ると、危機的な東アジア情勢と、文明の敵ロシアという論理で、人々が戦争を自然に受け入れていったのは確かなことですが、開戦までの過程においてはいくつかの紆余曲折があり、反戦論も展開されていました。日露戦争にいたる時期において、最も有効な戦争反対の論理を編み出していたのは、幸徳秋水でした。

なぜ秋水の反戦論が有効といえるのか、少し回り道をしながら考えてみましょう。日本の場合、ムラの共同体的な生活様式が青年の行動様式に与える影響には非常に大きなものがありました。横並び意識が強いムラでは、徴兵検査は、同世代の若者が共に男として一人前の証をうる機会として考えられていました。よって、たとえば農村青年に徴兵を忌避せよとか、反戦の意志を表明せよといった場合、彼らの頭に第一に去来したのは、そのような忌避や反戦の思想が、ムラの同朋への裏切り、一緒に一人前になった仲間への裏切りにほかならないという罪の意識だったのではないでしょうか。秋水の反戦論というのは、以上の点への対応をある意味で踏まえたものでした。農村青年に国を裏切れといったり、愛国心を捨てろといったりすることによって成り立つ反戦ではなく、国家の側がある意味で戦争を説得する論理として使ってきた、その論理構造そのものに対して斬りこんでいくことによって、反戦論を展開していた点で異色なのです。

幸徳秋水『廿世紀之怪物　帝国主義』

秋水の書『廿世紀之怪物　帝国主義』をみてみましょう。一九〇一(明治三十四)年に出版されたこの本の中心となる第三章「軍国主義を論ず」の部分で、秋水はモルトケとマハンを批判しています。モルトケの名前は、すでに第二講で出しておきました。そこで、プロイセン軍参謀総長のモルトケ元帥は、国家が産業や経済を考慮して軍事費を出し惜しみした場合、結局は戦争に負けて、払わされる賠償金はその出し惜しみした金額よりずっと多いのだ、との論理を過去の対仏戦争の事例から主張していたこと、そしてその論理を『内外兵事新聞』などがしきりに論じていたことを説明しました。そのモルトケをつかまえて、秋水は次のような論点を出してきます。

将軍が仏国に捷《かっ》て五十億フランの償金とアルサス、ローレンの二州を割取せるにも拘らず、而も仏国の商工の却て駸々《しんしん》として繁栄し、独逸の市場の俄に一大頓挫敗を招けるを見て、怫然赫然《ふつぜんかくぜん》として怒れるの一事は、是れ将軍が美しき夢の結果なりき。美しき夢の結果は甚だ醜ならずや。

意味するところは、ドイツはフランスに勝って賠償金を得たけれども、結果をよくみると、敗北したフランスのほうが繁栄しドイツは不況に陥っているではないかということで、モルトケの夢は醜悪な結果しかドイツにもたらさなかったと指摘しているのです。日本においては、普仏戦争の戦費と賠償金が話題にされることはあっても、戦勝の結果がドイツ経済に及ぼした長期的な影響を論ずるという視角には乏しかったといえるわけで、この点を秋水はついたのでした。現在の研究では、普仏戦争後のドイツの不況は別にモルトケの目算がはずれたからではなく、一八七三年から九五年における農業不況（北アメリカの小麦が中部ヨーロッパ市場を圧倒した結果による）と、工業成長の停滞（過剰な生産設備の拡充による）によってもたらされたことが明らかにされています。今ではこうした要因が明らかになっていますが、秋水としては、戦争による賠償金と領土の拡大がなんら国民経済を豊かにしない事例として、ほかならぬモルトケのドイツの例を引いたのでした。モルトケが日本の政治世界でどのように語られてきたかを考えれば、秋水はその英雄的史話を断ち切ったといえるでしょう。

返す刀で秋水は、アメリカ海軍大学校の戦史および戦略の教官で、『海上権力史論』の著書でも著名なマハンを批判していました。マハンの本は一八九七（明治三十）年に水交社の手により邦訳されて、秋山真之（日露戦争時の東郷平八郎連合艦隊司令長官の作戦参謀）、佐藤鉄太郎（一九〇七年から海軍大学校教官）らによって広められていましたので、制海権と通商支配の保持が海上権力の目標であるとする思想、艦隊決戦を制海権の柱とみる見方などは、すでによく知られていました。そのマハンを秋水は批判の対象に選んだのです。陸軍についてはモルトケを、海軍についてはマハンを選んでいるわけです。秋水は、マハンについて、軍備が国家にもたらす利益と徴兵が青年層にもたらす良好な効果（綱紀がゆるまない）を語るなど、軍備と徴兵の功徳を説くのに巧みであると評した上で、次のように批判しています。

米国独立の戦に赴援せる仏国軍人は、大革命に於ける秩序破壊に与《あずか》つて有力なる動機たりしに非ずや、巴里に侵入せる独逸軍人は、独逸諸邦に於ける革命思想の有力なる伝播者たりしに非ずや、現時欧州大陸の徴兵制を採用せる諸国の兵営が、常に社会主義の一大学校として現社会に対する不平の養成所たるは、較著なる現象に非ずや。

アメリカ独立戦争やフランス革命など、実際の市民革命の歴史を振り返って、軍隊がいかに革命思想の影響を受けやすいものであるか、綱紀の維持などとは関係がなく、むしろ

「害」を及ぼす場所ではないかと、批判したものであります。

一兵卒への眼差し

資本家の利欲のために起こされる戦争に反対していた秋水は、以上のような文脈から軍国主義に批判を加えていました。しかし一方で彼は、戦争を底辺で支えていた一人ひとりの兵士には温かい眼差しを向けていています。

団匪の乱〔義和団事件のこと〕、太沽より天津に至るの道路険悪にして我軍甚だ艱《なや》む、一兵卒泣て曰く、我皇上の為めにあらずんば、此艱苦に堪へんよりは寧ろ死するに如かずと。聞く者涙を堕さゞるなし。我亦之が為めに泣く。可憐の兵士、我は我が皇上の為めと言ふて、正義の為めに、人道の為めに、同胞国民の為めにと言はざるを責めざるべし。

秋水は、天皇のためでなかったらこのような苦痛は到底忍べないといって泣く兵士に対する同情を示しています。また、この兵士が国民のために人道のために忍ぶといわなかった点について、後れた考えをもつものだとの批判の目を向けることはありませんでした。

要は、日本の陸海軍の国防思想に多大な影響を与えたとみられる英雄を組上《そじょう》に載せて、軍国主義がいかに醜悪なものであるかを説得的に論じた点に、秋水の反戦論が日本にあって有効な論になっている理由がありました。

秋水は日露戦争勃発後の一九〇四(明治三十七)年三月、『週刊　平民新聞』に「露国社会党に与ふるの書」を著して、諸君と我らとは同志であり、兄弟であり、姉妹である、断じて戦うべき理由などない、遠い場所から満腔の同情をこめて「諸君の健在と成功とを祈れる」との言葉を送っていました。では、この言葉を受けとめるべきロシアの社会民主労働党は、日露戦争をどうみていたのでしょうか。彼らは両国の労働者にとって共通の敵である、軍国主義者や資本家への戦いに挑んでいたのでしょうか。

レーニンの日露戦争観

社会民主労働党は、一九〇三年夏、実質的な結党大会にあたる第二回大会をブリュッセルとロンドンで開催しましたが、その時点で、レーニン率いる多数派(ボリシェヴィッキ)とマルトフ率いる少数派(メンシェヴィッキ)が、党組織理論をめぐって対立していました。このマルトフ派の機関紙『イスクラ』は、ロシア官僚が満洲を文明開化するのにも反対だが、ブルジョア日本が韓国を文明開化するのにも反対だという立場から、平和万歳を叫ぶべきであるとして、その立場から先の「露国社会党に与ふるの書」を紹介していました。
のちの第一次世界大戦のさなかにロシア革命を成功させるレーニンは、日露戦争を最も注意深く観察していた人物の一人でした。しかしレーニンは、秋水やマルトフのように軍国主義者や資本家に対する戦いを論じ、日露が戦うべき理由などないと結論づけていたのではありません。レーニンの糾弾の矛先は当然のことながら、ロシア政府、彼の言葉でいえば、ツァーリ政府に向けられます。他国人が住み、遠く離れた他国の新しい土地を奪うための、破滅的で無意味な戦争に、貧しく飢えた人民を引きずりこんだとして、レーニンはツァーリ政府を糾弾しますが、その後の論の展開はやや予想を裏切るものです。たとえば、次のような言葉が続きます。

文化的で自由な日本との困難な戦争は、ロシアにとっては巨大な力の緊張を必要とする。（「メーデー　リーフレット草案」）

この犯罪的な恥ずべき戦争は、これらの大衆にこのようなはてしない犠牲を要求しているのである。専制国ロシアは立憲国日本にすでに打ちやぶられている。（「専制とプロレタリアート」）

戦争は、いまでは国民によって行われる。〔中略〕国の軍事組織と、国の経済体制および文化制度とのあいだの関連が、現在ほど緊密であったことはかつてない。（「旅順の陥落」）

レーニンがここで述べているのは、戦争一般に反対すべき労働者の態度についてではなく、現代の戦争は国民の軍隊によって戦われるものであって、そこでは当然のことながら、その国の政治、経済、文化などの状態と密接な関連のもとに戦われるものなのであるとの判断でした。「文化的で自由な日本」という表現に、我々は当惑しますが、たしかに当時の日本は条約改正の重荷を背負ってきたこともあり、立憲的な諸制度の外形的整備という点では、一定の進歩があったとみるべきでしょう。それに比べてロシアは、議会制度をもたず、内閣制度もないという意味で低い政治的状態にあり、それが、ツァーリ政府軍の、士気のふるわぬ戦いぶりを規定しているのだとレーニンは判断していました。はっきりしているのは、旅順の陥落を知ったレーニンが、日本とロシアの戦争を、「すすんだ国とおくれた国との戦争」ととらえて、その戦争が「革命的役割」を演じたのだと認識していたことです。専制を壊滅させる、あるいは決定的に弱める働きをした日露戦争というものに、レーニンは注目していました。

政府を倒そうとしている側の政府評がことのほか厳しくなるのは当然であり、その評価から何かをみつけようとする態度は、公平ではないと思われた方もいるでしょう。しかし、わたくしがここで注目したいのは、後れた国、悪い政治制度をもった国という、ロシア政府へ下された評価それ自体についてです。

ふたたび吉野作造

自国の国民を幸せにできないロシアの専制政府という評価は、日本のなかでも広範に支持されていた見方でした。先にふれた、門戸開放をしないロシアは非文明という論理に加えて、もう一つ別のバージョンとしてここに、専制政府を敗北させるのは相手国の国民のためであるという論理が導き出されてきます。ここでもその観点を明確な言葉にしたのは吉野作造でした。

露国は実に文明の敵なり。今若し露国日本に勝たん乎、政府の権力一層強く圧制益甚しからん。幸にして日本に敗れんか、或は自由民権論の勢力を増す所以とならん。故に吾人は文明のために又露国人民の安福のために切に露国の敗北を祈るもの也。

（「露国の敗北は世界平和の基也」）

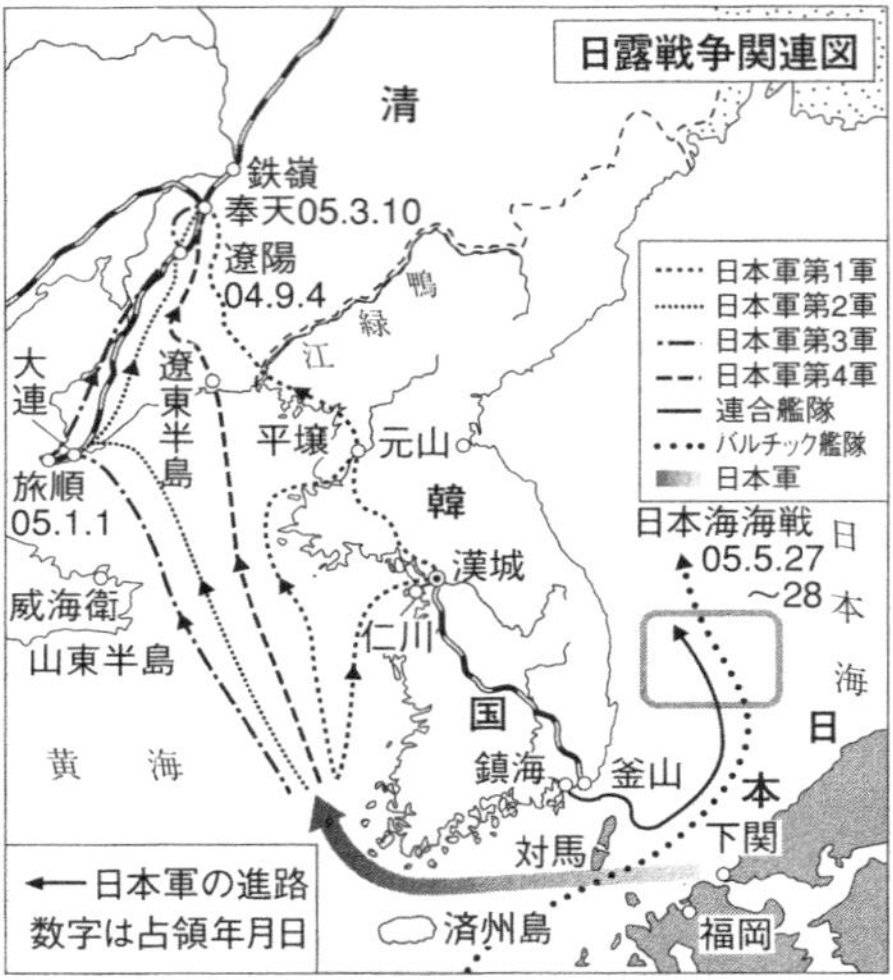

ロシアが勝てば彼らはますます国内の圧制を強めることになるが、敗ければ自由民権論が国内に勢力を占めてゆくことになって、専制に代わって立憲となり、その対外政策も当局者の野心ではなく、国民一般の輿論に支配されることになるので、ロシアは平和的な国家になる、そのような展望のもとに、「露国を膺懲《ようちょう》するは或は日本国民の天授の使命ならん」と語れたわけです。

そして、たしかに日露戦争最終盤の日本海海戦(ロシアでは、「ツシマ」と呼ばれた)の衝撃は、ツァーリ政府に国家代議院(ドゥーマ)開設を決意させ、一九〇六年春に第一回ドゥーマ選挙を実施させることになってゆきました。日清戦争を文明と野蛮の戦争と意味づけたのが福沢諭吉であったとすれば、日露戦争に関していえば、それと同じ役割を吉野作造が果たしたことになりそうです。

大国との戦争準備

ロシアが立憲的な諸制度整備の点で日本に後れをとっていたことは事実でしょうが、この時代の戦争のやり方を考えた場合に、軍事的に日本がロシアに勝利できるかどうかはまったく未知数でした。レーニンが診断してみせたように、国民の軍隊が成立していない国、国会も憲法もない国、政治・経済・文化が軍事組織を密接に支持できていない国がロシアであるとはいっても、だからといって軍事的にロシアが日本に勝利できないとはいえません。

日清戦争後から日露戦争開戦にいたるまでの時期において、日本政府の側が日露開戦へとキャンペーンのごときものを張って、国民を積極的に開戦へと導いたあとはみられません。その一つめの理由としては、これまで論じてきたような、東アジアにおける英米の政策が明確に変化したこと、満洲占領にいたるまでのロシアの行動が真に日本の死活的な危機として受けとめられていたことなど、国際的な環境が、戦争への道を自然に導くものであったことが指摘できます。二つめの理由としては、ロシアとの戦争を支持できるような論理が広く社会にゆきわたっていたことが挙げられます。門戸閉鎖をする非文明国ロシアという論理、自国民に専制をしくロシアという論理がそれでした。

しかし最も根本的な理由は、戦争を可能とする軍備拡張計画の完整時期、また戦費の安定的な確保が可能になる時点を見極めなければならないという厳然たる戦略的制約があったからでした。そのために、むしろ政府はある時期まで民間の対露強硬論を抑制するように動く必要があったのです。日清戦争開戦時の日本は、軍艦二八隻・五万七六〇〇トンと、水雷艇二四隻・一四七五トンを保有していたものの、その主力軍艦の一隻たりとて世界的な水準でいえば主力艦というレベルの艦ではありませんでした。しかしその日本も、十年後の日露開戦時には、一五二隻・二六万四六〇〇トンの艦艇を保有するまでになっていました。それが可能となったのは、一八九六（明治二十九）年度から十年間の、世界水準の戦艦六隻（富士、八島、敷島、初瀬、朝日、三笠）、装甲巡洋艦六隻（浅間、常磐、八雲、吾妻、出雲、磐手）を基幹とする一〇三隻・一五万三〇〇〇トンの艦艇を建造する建艦計画に海軍が着手し、それを達成させたからでした。

一方、日清戦争を八個師団（近衛、第一～第七師団）で戦った陸軍は、九八年には第八～第十二師団（弘前、金沢、姫路、丸亀、小倉）の五個師団を一挙に新設し、さらに日露開戦の前後に、第十三～第十八師団（高田、宇都宮、豊橋、京都、岡山、久留米）を増設して、近衛師団を含め十九師団態勢を最終的には築くまでになりました。

いつ戦争を始めるのか

このように書いてきますと、ひたすら軍備完整まで時間をかけて戦争準備をしたほうがよいようにもみえますが、そうではありません。時間はむしろロシアに味方していました。シベリア鉄道（一八九一年起工、チェリャビンスク―ウラジオストック間を結ぶ七四一六キロの鉄道。一九〇四年九月全通）の全線開通が目前に迫っていたからです。つまり日本は、適切な軍備が整い、戦費調達のめどがついたならば、できるだけ早く戦争を始めなければならない状況にあったわけです。実際にシベリア鉄道は、日露開戦の時点では、バイカル湖の湖岸沿いの部分は未完成でしたが、同年九月に全線が開通しています。

ですから、一九〇三（明治三十六）年の時点での参謀本部は、シベリア鉄道が未完成で、日本の艦隊がロシア太平洋艦隊に優勢にある時点で開戦すべきだと判断していました。もちろん一九〇二年に締結された日英同盟にともなって、同年七月七日からロンドンで開催された日英陸海軍代表者会議の結果締結された日英軍事協定（一九〇三年一月十六日発効）は、日本を開戦へ後押しすることになりました。この会議では、日英協同作戦の大方針として、①敵海軍および地上部隊の壊滅、②主力艦隊の集中配備と機動艦艇群によるシーレーン防衛、③制海権を確保した後の地上作戦、が確認されたほか、信号法、電信用暗号、諜報交換、戦時石炭供給、輸送船援助などの後方支援についての協議がなされていました。

この会議の席上、参謀本部第二部長福島安正は、日本は三週間で精兵二八万の野戦軍の動員を実行しうること、それに対してロシアは六週間以内に満洲に一二万の野戦軍を集中しうるとし、その後の輸送はロシアに有利となる、そのため、制海権を得たあと、ただちに英国軍一軍団の満洲派遣をお願いしたいと述べています。しかしこの提案は、イギリス陸軍の代表者であった諜報局長ニコルソンによって拒絶され、陸軍兵数に不安を感じていた日本側は、日英軍事協定締結後もなお、みずからの力で軍備完整に励まなければなりませんでした。

戦費はどのように調達されたのか

最後に、戦費はどのようにして調達されたのかを確認しておきましょう。日露戦争の戦費総額は、一八億二六二九万円に達しました。内外国債を除けば、戦費は増税によってまかなわれ、地租、営業税、所得税という三種の国税をはじめ、増徴可能と考えられたすべての税目につき増徴がなされました。所得税でいえば、第一次非常特別税法により、一律に税額の七〇パーセントが増徴され、さらに第二次非常特別税法により、各所得階層において累進的に三〇パーセントから二〇〇パーセントが加えられることになりました。これらの法律は本来日露戦争中に適用されるべき臨時のものでしたが、のちに非常特別税法によるこの増税は、恒久税とされてしまいます。増税以外は国債によってまかなわれたのですが、これは総計一四億七二〇〇万円に達し、そのうち内国債六億七二〇〇万円、外国債八億円と見積もられています。

マーク・ピーティーは、近代植民地帝国のなかで、日本ほどはっきりと戦略的な思考に導かれ、また当局者のあいだにこれほど慎重な考察と広範な見解の一致が見られた例はないと述べていますが、たしかに日露戦争をいつ始めるかという決定は、軍備完整の状況、戦費調達の見込み、国際環境などから周到になされていたことがわかります。

【第六講の参考文献】
アンソニー・ギデンズ『国民国家と暴力』、松尾精文・小幡正敏訳、而立書房、一九九九年
「朝鮮問題等ニ関シ森公使清国政府ト交渉一件」、外務省調査部編纂『大日本外交文書 9』、日本国際協会、一九四〇年
月脚達彦「大韓帝国成立前後の対外的態度」
田中陽児ほか編『世界歴史大系 ロシア史 2』、山川出版社、一九九四年
森山茂徳『日韓併合』
ジョージ・F・ケナン『アメリカ外交50年』、近藤晋一ほか訳、岩波書店、一九五二(岩波現代文庫、二〇〇〇年)
小島淑男「東アジアと日本」、歴史学研究会編『講座 世界史 5』、東京大学出版会、一九九五年
『萬朝報』(復刻版)日本図書センター、一九八五年

吉野作造「征露の目的」「露国の敗北は世界平和の基也」、『新人』(一九〇四年三月号)、『吉野作造選集　5』、岩波書店、一九九五年
喜多村理子『徴兵・戦争と民衆』、吉川弘文館、一九九九年
『廿世紀之怪物　帝国主義』、警醒社書店、一九〇一年、幸徳秋水全集編纂委員会編『幸徳秋水全集　3』、日本図書センター、一九八二年
ハンス＝ウルリヒ・ヴェーラー『ドイツ帝国　1871〜1918』、大野英二ほか訳、未来社、一九八三年（二〇〇〇年復刊）
マハン『海上権力史論』、水交社訳、東邦協会、一八九七年
麻田貞雄『両大戦間の日米関係』、東京大学出版会、一九九三年
同　訳・解説『アルフレッド・T・マハン』、研究社出版、一九七七年
幸徳秋水「与露国社会党書」、『週刊　平民新聞』一八号（一九〇四年三月十三日）、林茂、西田長寿編『平民新聞論説集』、岩波書店、一九六一年
「メーデー　リーフレット草案」（一九〇四年四月執筆）、『レーニン全集　7』、大月書店、一九五四年
「専制とプロレタリアート」（一九〇五年一月四日発表）、「旅順の陥落」（一九〇五年一月十四日発表）、『レーニン全集　8』、大月書店、一九五五年
山田朗『軍備拡張の近代史』、吉川弘文館、一九九七年
谷寿夫『機密日露戦史』、原書房、一九六六年
佐藤守男「情報戦争としての日露戦争（一）〜(五)」、『北大法学論集』五〇巻六号〜五一巻四号（二〇〇〇年五月〜十一月）
『岡義武著作集　2』、岩波書店、一九九二年

三谷太一郎『近代日本の戦争と政治』、岩波書店、一九九七年
マーク・ピーティー『20世紀の日本4　植民地』

第七講

第一次世界大戦が日本に与えた真の衝撃とは何か

参謀総長山県有朋の憂鬱

一九〇五(明治三十八)年九月五日、小村寿太郎とウィッテとのあいだに調印された日露講和条約の内容は、次の五点でした。①韓国における日本の政治的、軍事的、経済的優越の承認、②日露両軍の満洲からの撤兵、③旅順口・大連と、その付近の領土および領水の租借権、長春—旅順口間の東清鉄道支線の日本への譲渡、④北緯五〇度以南の樺太の日本への譲渡、⑤日本海・オホーツク海・ベーリング海など、ロシア沿岸漁業権の日本への許与。

講和会議の開催される前から、当時の新聞などは、賠償金三〇億円を要求すべきだと書きたててきましたので、当時の社会が、賠償金を含まない条約案に大きな失望を感じたのは、確かなことでした。

しかし、日露戦争を参謀総長の地位で戦った山県有朋は、開戦七ヵ月後、バイカル湖周辺の工事を完成させて全線完通したあとのシベリア鉄道による、ロシア軍の着々たる兵員輸送能力と、それに比した場合の日本側の兵員不足を、最もよく知る位置にいました。ですから山県は講和の内容、とくに、韓国に対して国防・財政の実権を日本側が握り、外交を日本の監督下に置けるようになったことを、「近来の一大成功にして当局者の苦心は想察するに余りあり」と「戦後経営意見書」で述べて、満足の意を表していました。ここには、ロシア本土に致命傷を与えられなかった戦争の講和としては、今回の講和は「外交の成功」というべきものだとの判断がみられます。この項の見出しに書いた山県の憂鬱とは、講和に対する不満からくる憂鬱ではなく、今後の日本の状況についての山県の予想が、憂慮に満ちたものであったという意味です。

日露戦争は、一八七一年にプロイセンがフランスに勝利した普仏戦争のときのような甚大なる打撃をロシアに与えるでもなく、はたまた六六年に、プロイセンがオーストリアに勝利したときのような、戦後の友好関係を確信させる良好な関係で終わったわけでもありませんでした。このような場合、相手方は早晩、復讐戦争に打って出ると山県はみており、ロシアの復讐戦にどうやって備えたらよいのかという問題に、頭を悩ませていました。

さらに山県は、それでも日露戦争の時点では、たしかに存在した「国家の元気」というものが、今後は続かなくなるであろうと悲観しています。――今回の戦争で、日本側は現役兵だけでは到底足りずに、その欠員を、軍隊生活から遠ざかって市井の職業にもどっていた予後備の兵士たちを動員して埋めた。しかし、正直なところ、当初は期待していなかったこの予後備兵のなかには、現役兵に勝るとも劣らない活躍をしたものが少なくなかった。これは日露戦争までの日本には未だ「維新中興の偉業によりて養成せられたる国家の元気」があったからである――。山県はこう総括していました。山県の憂鬱の核心には、ロシアの復讐戦に備えなければならない大変な時代を、「国家の元気」をもはや期待することができない状況で迎えなければならないという見通しがありました。

国民の元気

軍の最高権力者として戦争を指導した山県は、辛勝だったとはいえ日露戦争に勝利をもたらしてくれたものを「国家の元気」と表現しましたが、同じく戦争を戦い、戦争に耐えた国民は、何を考えていたのでしょうか。バルチック艦隊に勝利した連合艦隊をこしらえ、約九四万人の将兵を出征させ、日本海や南満洲を戦場として戦うことのできる軍事力を日本がもてたのは、納税と兵役の義務を積極的に担った国民の奮闘のたまものであったと、国民が感じていたのはいうまでもありませんでした。戦争の期間を通じて、「国民の元気」が十全に発揮されることによって戦争に勝っているのだという感覚は、満洲の戦場ではなく、そこから遠く離れた日本国内で、しだいに国民のあいだに蓄積されていくようになります。国民の主体的な感覚が醸成されたと考えられる場所の一つとして、戦争中、頻繁に開かれていた祝捷会に注目してみましょう。

たとえば、東京市においては、個々の戦勝のたびごとに市内各地で祝捷会が開かれ、提灯行列・旗行列・花火・剣術試合などが催されました。各地の商業組合・学校・会社・地域団体などが参加し、さまざまな開催団体の寄付による、ふんだんな食べ物も準備されていました。人々は行列に参加したり、見物に加わったりすることで、戦争中の数少ない娯楽とし、一方ではお祭り気分のなかとはいえ、戦争にかかわっているという、みずからの主体性を確認していたと思われます。

さらに、祭りのような興奮をもたらしてくれる祝捷会のほかに、非常特別税の重加、恤《じゅつ》兵《ぺい》救護費の徴収、地域で目標額が競われた義捐金の募集、国庫債券への応募など、日々の生活のなかで、国民が戦費負担をしていることを実感する材料には事欠きませんでした。講和条約において賠償金が獲得できなかったことがわかると、九月五日、日比谷焼打事件が起こります。これは、戦争で疲弊した都市下層民の不満が、賠償なしの講和の報によって爆発したものと、これまで解釈されてきました。

しかし、別の見方もできます。日露戦争の前年に開園されていた日比谷公園という場所は、たとえば東京近郊の人々にとって、日常的な祝捷会の場所としてすでに馴染み深いものであったと思われます。そうであれば、自分たちがこれまで主体的に戦争にかかわって得た成果を、政府と全権委員が台無しにしたことに対して、国民が呆然とした感覚を味わい、「国民の元気」で勝てた戦争はいったいどこへ行ってしまったのか、と失望感に襲われたために起こしたとみることもできるでしょう。

千葉県平郡平群村（現安房郡富山村）出身で、自由党系の代議士であった加藤淳造が記した「日露講和反対建言書」は、このような失望感をよく表すものです。戦争に勝てたのは「大元帥陛下の御威稜」と「皇軍の精鋭」と「国民後援の功」の三つのおかげなのに、「閣臣と全権委員」が「深く之を顧みず遂に屈辱不当」の講和を結んでしまった、と慷慨《こうがい》しています。政府や講和委員は、「戦死者に対し、又遺族者に対し、而て又五千万臣民に対し、何等の顔を以て接せんとする乎」とつめより、彼らの無分別によって戦功が外交交渉の場で「滅却」されてしまい、五〇〇〇万同胞は巨億の戦費に苦しむことになってしまったのだと憤慨していたのです。

日露戦後の社会は大きく変容したといわれてきましたが、そうした変化の根本には、端的にいえば、維新以来の「国家の元気」がもう日本には期待できなくなったという政府の側の喪失感と、「国民の元気」による戦勝を政府が踏みにじったという国民の側の失望感が、広く深く社会に根ざしたことがありました。

日露戦後の日本が直面していた問題

これまで、日露戦後の社会の亀裂について述べてきましたが、日露戦争から辛亥革命（一九一一年に勃発し、清朝を倒した中国の革命。翌年一月、孫文が臨時大総統に就任し、中華民国が成立。しかし革命勢力の基盤は弱く、まもなく清朝の開明的軍人政治家であった袁世凱が初代大総統となった）を経て第一世界大戦にいたる時期において、日本の直面していた問題が何であったのかを次にみてゆきましょう。それは三点にまとめられます。

第一には、膨大な戦費負担のために、急速に苦しくなった国家予算をめぐって、各政治集団間の競合が激しくなったことです。官僚閥・政党・軍閥などが、それぞれの思い描く、あるべき帝国日本のイメージをめぐって対立するようになります。陸軍と海軍のあいだでは、次の戦争のイメージを想定して自己に有利な予算を獲得しようとしての競争が生じました。

こうした競合状態のなかで、原敬に率いられた政友会のほかに、もう一つの政党が生まれてきます。桂太郎が準備し、一九一三（大正二）年十二月、桂の死後まもなく発足した立憲同志会です。辛亥革命という緊張した事態に直面した桂は、これまでの部分的な政治勢力の利害を代表するような従来の政党ではだめで、帝国の有力者を網羅することによって、国民諸勢力を結集して、主に対外関係の抜本的解決をめざそうと考えていました。この同志会には、日比谷焼打事件などに関係した、都市民衆運動のリーダーたちも参加していました。

第二には、戦争の結果獲得された、大陸進出への足場となる特殊権益を、どのような方策で守っていったらよいかという問題が浮上しました。日露講和条約で日本が獲得した関東州租借地は、一八九八年にロシアが清国から二十五年の期限で獲得した租借権を譲渡されたものでした。そのため予定では、一九二三(大正十二)年に中国に対して返還されなければならず、満洲における日本の権益をどう維持するかという問題が出てきたのです。南満州鉄道の使用期限については、一九四〇年が予定されていました。

旅順口・大連を含む関東州の租借によって、日本は黄海への制海権を保持し、大陸国家としての布石を打つことができたのですから、将来的に関東州を返還するのは非常に困難だと理解されていました。事実、第二次桂内閣は一九〇八(明治四十一)年九月二十五日の閣議で対外政策方針を議し、満洲の現状を永遠に持続させるとの方針を決定しています。

これに応ずるように山県は、翌年の意見書「第二対清政策」で、租借期限が満了したら清国は返還を要求するだろうが、「二十億の資財と二十余万の死傷を以て獲得したる所の戦利品」を返還することはできないので、日露の協力で清国の利権回収熱を抑えつつ満洲経営の実績をあげておき、返還要求が生じた場合には、巨額の賠償金を要求しうるような根拠をつくっておくべきだと述べていました。同時に、租借期限延長のための交渉もせず、問答無用で満洲を併呑するなどは、理にそむくともいっています。山県に代表される、このような考え方は、満洲の門戸を開放した上で南満州鉄道株式会社を設立し、日露協約を継続的に締結することによって、満洲権益を擁護するという路線につながっていきます。

さて、日本の直面していた三つめの問題にもどりましょう。第三の問題は、辛亥革命後の中国（正式名称は中華民国）に対する日本政府の関係のとり方であり、北京の袁世凱を支持するのか、一九一三年七月の第二革命で袁打倒を図った孫文など、南方の革命勢力を支持するのか、という問題でした。中国の南北分立状況に対しては、日本が満洲権益を守るために中国の分裂を策しているとの、列強からの批判を避けるためにも、政府はおおむね中立の立場をとることで合意していました。第二革命失敗後の南北分裂状態の中国に対しては、英仏独米露日六ヵ国が圧力をかけ、上海で南北講和会議を開かせ、列国は同年十月中華民国を承認することになりました（アメリカは五月）。

しかしこのような政府の態度に対して、元老山県などは不満でした。一四年八月の意見書「対支政策意見書」では、日本政府の、この両論併記的な中立の態度が「袁世凱否な中華民国に対して信を破る」ものであると批判し、袁世凱に財政援助を通じた支持を与えるべきであるといっています。山県がここで批判していたのは、第二次西園寺内閣から第二次大隈内閣までの対中国政策でした。さらに、このような南北両論併記の態度は政府の内部はもちろん、民間団体からも激しい批判を浴びることになります。

第一次世界大戦の第一報を聞くまでの日本においては、以上のように、予算をめぐる各政治集団間の競合、満洲の特殊権益の守り方、中国への対応という三つの懸案がありました。このように、社会には深い亀裂をかかえ、国家の前には三つの重要な問題があるという状況が、大戦前の日本の様相であったといえるでしょう。ですから、第一次世界大戦への参戦は、これらの諸懸案と結びつけて論じられることになります。

中国問題解決の好機としての第一次世界大戦

一九一四年七月二十八日、オーストリアがセルビアに宣戦布告したことを契機に、戦争が勃発しました。第二次大隈内閣は、大戦の勃発に際して、まずは中立を宣言します。しかし、八月七日、イギリスが日本に対し、「支那海」で活動するドイツ仮装巡洋艦の日本海軍による捜索、撃退という限定的な支援要請をおこなってきたため、日本は翌八日、緊急閣議を開き、続いて元老・閣僚間の会議も開いて、英仏側に立っての参戦が原則として決定されてゆきました。

閣議の席上、加藤高明外相は、日英同盟の規定によって参戦する義務は日本にはないが、一つは英国からの依頼に基づく「同盟の情誼」と、いま一つは、日本がこの機会にドイツの根拠地を東洋から一掃して、国際上に一段と地位を高める利益があると述べて、参戦を支持してほしいと、一場の演説をおこなっています。青島に常駐していたドイツ艦隊は、巡洋艦二隻と軽巡洋艦三隻に過ぎませんでしたが、ロシアの海軍力が東洋において撃退された当時にあっては、日本に一番近い場所にある列強の艦隊がドイツのものだったので、このドイツ艦隊の一掃には、大きな意味がありました。

また、戦争の結果、西太平洋上にドイツが領有する、マリアナ・パラオ・カロリン・マーシャルなどの島々が日本の影響下に置かれることになれば、アメリカの太平洋横断ルートを分断できる可能性も得られます。さらに、ドイツ権益の集中する山東省へも布石を打つことができます。それは、年来の「中国問題の解決」にも資するものと考えられました。

やはり同じ時期に書かれた、元老井上馨の提言もよく知られているとおりです。井上は「今回欧州の大禍乱は、日本国運の発展に対する大正新時代の天佑」と大戦を位置づけ、日本は英仏露と一致団結して、「東洋に対する日本の利権を確立せざるべからず」といい、この三国の連合的団結を基礎として「日本は支那の統一者を懐柔せざるべからず」と論じています。日本においては対独戦争が、東アジア、ことに中国や満洲、そして西太平洋で得られるであろう利益との関連で考えられていたことがわかります。

しかし、加藤の立場は、ドイツ側に対する連合国側の勝利を前提にしている話でありましたので、当然その問題は、山県や松方正義など、ドイツの敗北について確信のもてない勢力からの批判を浴びました。また、とくに山県は、人種間戦争を日露戦後から憂慮していたので、同種であると考える中国と険悪な関係になるような事態は、避けなければならないと考えていました。中国は八月六日、すでに大戦への中立を宣言していましたので、山東半島付け根の都市青島と、そこに面した要衝膠州湾に対し、もし攻撃を加えれば、それは中立侵犯にあたり、その結果、中国の好意を失うことになるのではないか、と山県などは案じていたわけです。元老たちは、加藤に対し、参戦がやむをえないものであることを内外に明らかにするよう求めました。

加藤高明

参戦理由

今回の戦争は、日本の主体的な動機で始められた戦争ではありませんでしたので、国民が戦争を受けとめる余裕は、そもそも与えられていませんでした。なぜ日本が戦争に加わらなければならないのかを説明するにあたって、加藤は二つの道から方策を考えています。一つは、ドイツの侵略的行動の結果として、東亜の平和と特殊利益が脅かされた結果、イギリスが日本に援助を求め、日本はその請求に応じるために参戦するのであるとの言葉を、開戦の宣言などに含められるようにすることです。八月九日、加藤は参戦の根拠を日英同盟に求め、イギリスからの要請があったから参戦するのだと言明することの了解をイギリスに求めますが、イギリス側はこの要請に対して、イギリス商船の保護のみに作戦を限定したいと述べて、拒絶しています。何度かの応酬がありましたが、ドイツに向けた最後通牒のなかには「日英同盟協約の予期せる全般の利益を防護する」目的であるとの表現があり、日英同盟を基礎とした参戦という解釈で日本側が押し切ったものと考えられます。

二つめは、青島のドイツ海軍根拠地を撃破したのちに、日本が山東省に進出するのは当然と考えられておりましたので、それを正当化しうるような根拠を最後通牒のなかで述べておこうというものでした。内閣は八月十五日、ドイツに対して、膠州湾租借地全部を「支那国に還付するの目的を以て」日本に交付するよう求めた期限付き最後通牒を発して、日本の立場を明確にしました。ドイツがこの要求を拒絶したため、二十三日、日本はドイツに宣戦布告します。

欧州での戦争勃発から日本の参戦決定までは非常に短かったので、為政者も国民の側もともに、参戦前に、なぜこの戦争に参加するのかという問題について十分には論じられていません。しかし、宣戦布告後にあっては、日露戦争以来の諸問題の解決を大戦と関連づけた論がみられるようになります。

たとえば、板倉中の議論をみてみましょう。板倉は、千葉県長柄郡関村(現長生郡白子町)出身の衆議院議員で、第二次大隈内閣の二個師団増設問題の際に、野党立憲政友会所属であったにもかかわらず賛成にまわった人物です。一九一四年八月に書かれた意見書「東亜勃興の好機」は、板倉が大隈内閣に建言したものです。

板倉は、欧州で戦乱が起こったことによって、「東洋の事は殆ど我れの独力を以て裁量」できるような好機会を得たと、まずは喜んでいます。そして、我が日本の危急の問題は五つあるとして、①対中問題、②ロシアの東方経営、③人種的孤立、④対米関係、⑤内政経済の危機をあげ、この解決のためにも、「目下の欧洲戦乱と支那の革命計画」を好機として逃すなと提言していました。この際は内政干渉といわれようと、第三革命に向けた南方派への援助に踏みきるべきだとの論でありました。

大戦中の満洲問題・中国問題の帰趨

第一義的には、中国問題解決を有利に転じるために参戦した日本は、戦争中、大きく分けて二つの方法によって、その目的を達成しようとします。一つは、連合国側への戦争協力への見返りに、膠州湾や南洋諸島をはじめとするドイツ根拠地への実質的支配権の獲得を、列国に認めさせておくことでした。一九一七年二月四日、イギリスが、駆逐艦の地中海派遣を求めてきたのを機に、それは達成されます。同年二月十六日、イギリスは、「講和会議の際、山東に於ける独逸の諸権利竝《ならびに》赤道以北の諸島に於ける独逸の諸領に関し、日本の提出する要求を支持すべき旨の保障を得んとする日本政府の冀望《きぼう》に対し、茲に欣然応諾の意を表す」旨を日本政府に通知しています。同様の措置により、日本は仏露伊からも極秘覚書というかたちで、来るべき講和会議のときに獲得される権益の相互保障の文書を交換しています。

もう一つは、袁世凱の北京政府と南方の革命派が対立していた中国に対して、日本側の包括的な要求を認めさせてゆくものでした。これが、のちに、「対華二十一ヵ条の要求」と呼ばれたものです。外交交渉の常識からいえば、加藤外相の交渉ぶりは批判するにあたいするものではありましたが、第一号から第五号までの内容は、たしかに、元老・外務省・陸軍省などの政府、そして在野の要求の最大公約数であり、閣議決定、元老の内諾、天皇の裁可など、正式の手続きを経て起草されたものでした。基本的には、確信をもって、みずからの欲するところを率直に表明した文書であったと位置づけられます。

この要求は、青島攻略が成功したあとの、一九一五年一月十八日に中国側に伝達されました。第一号は、山東の処分問題であり、山東省に関して、日本政府が将来的にドイツ政府と協定すべき内容について、中国は承認を与えなければならないとの事項を含んでいました。第二号は、南満洲と東部内蒙古〔注〕に関する日本の利権の拡張であり、旅順・大連の租借期限（本来は一九二三年まで）と南満州鉄道（本来は一九四〇年まで）、安奉鉄道（本来は一九二三年まで）の期限を九十九年間延長する事項を含んでいました。この日中間の交渉は紛糾し、その数二十五回にわたって会合を繰り返しましたがまとまらず、結局日本は五月七日、第五号（日本人政治顧問・警察顧問の招聘、福建省開発の独占、日本からの一定の数量以上の兵器供給）を撤回した上で、最後通牒をもって中国側に要求をのませました。中国側は受諾した五月九日を「国恥記念日」としています。

二十一カ条問題の孕んだ火種

元老の山県などは、一連の交渉を批判し「対支関係に付各国の情況を取調べず、訳の分らぬ無用の箇条まで羅列して請求したるは大失策なり」と、加藤外交に対する不満を述べています（『原敬日記』一九一五年七月八日の条）。政府、ことに加藤外相が各国の情況に無知であったと山県がいっているのは、具体的には、アメリカからの干渉を惹起したことです。それを次にみてみましょう。

この間、日中交渉の経過をみていたアメリカは、三月十三日、まず、「日華交渉に対する米国覚書」を発して、第一号、第二号については、「米国は領土の隣接により、日本と右地方間に、特殊の関係の存することを率直に認め」るので、この際問題を提起しない旨を述べるとともに、第五号の第四項（日本からの兵器の一定量以上の購入）と同第六項（福建省に関する開発の独占）は、他国の商工業に対する機会均等主義に反する、との判断を明らかにして日本を牽制していました。ただ、重要な点は、この時点においてはアメリカも、山東省の権益問題と南満洲に関する権益の強化については領土の隣接による特殊関係にあたるとして、日本側の主張をやむをえないものと認めていたことです。

しかし、アメリカは、日本が中国に最後通牒つきで日華条約を締結させたのをみて、五月十三日、改めて日華両国に通告をおこない、中国の領土保全と門戸開放に違反すれば、不承認であると伝えてきています。この干渉を直接的に招いた条項は、第三号第二項（漢冶萍公司に属する諸鉱山付近における、他国の鉱山開発制限）と、第五号第三項（地方における警察を日中合同にし、中国の警察官庁に多数の日本人を雇用する）であるといわれております。ここで重要なのは、アメリカが問題としていた条項が、ともに日本政府や出先によってすでに撤回済みの条項だったことです。外務省とアメリカとのあいだに意思疎通の欠如があったことは確かでした。

こうして、「対華二十一ヵ条の要求」は、二つの条約と若干の交換公文となって成立しました。条約の一つは、一九一五年五月二十五日に調印された「山東省に関する条約」であり、二つめの条約は同日調印された「南満洲及東部内蒙古に関する条約」でした。これらの条約によって中国側は、今後締結されるべき山東省に関するドイツと日本の協定の一切を認めなければならなくなりました。つまり日本側は、二三年に予想される権益回収を拒絶できる根拠を得たことになります。日露戦争後の諸懸案のうち、満洲権益の永続的確保と、中国への支配を強化するためのドイツ権益の継承については、以上みてきたような、大戦中の活発な帝国主義外交によって、すなわち、列強からの承認確保と中国自体への圧迫策によって、達成されたかにみえました。

しかしこの後、一七年八月十四日、中国がドイツに宣戦布告したことで、独中間の諸条約などが一切廃棄される事態になり、中国などは、山東省におけるドイツ権益そのものがすでに消滅したとみなされるとの立場をとるようになります。講和会議での火種が、ここに胚胎されてゆきます。ただ日本側の解釈では、先の一五年の「山東省に関する条約」によって、日独間の山東省に関する協定を中国側はすべて認めなければならないとの制約をすでに課していたことで、中国の対独参戦による権益消滅論には対抗できると考えられていました。

さらに大戦終結までの期間に、日本側はもう一つの周到な秘密外交の「成果」を挙げています。寺内内閣の時期には、中国の正統政府である段祺瑞への財政援助をおこなう方針がとられ、いわゆる西原借款の下で、さまざまな交換公文が積み重ねられるようになりました。その一つが、一九一八(大正七)年九月二十四日の「山東省に於ける諸問題処理に関する交換公文」で、膠済鉄道沿線の警備にあたる巡警隊指揮のための日本人招聘を認めさせ、膠済鉄道沿線の日本軍隊を済南と青島に置くことなどを認めさせていました。この日中間の交換公文が公表されたのは、実に一九年一月十八日のパリ講和会議の審議開始から、かなり時間のたった四月九日であり、山東問題で日本を厳しく追及していたウィルソンなどは、会議の席上、初めてこの文書の存在を知り、衝撃を受けることになります。

当時の認識

日本は、一九一四年十月十四日、赤道以北のドイツ領南洋諸島を占領し、同年十一月七日には青島占領に成功しました。現在の感覚で考えれば、日本がドイツへの最後通牒で、膠州湾租借地全部を「支那国に還付するの目的を以て」日本に交付するよう求めていること自体、租借地に対する主権を有する中国に、なぜ直接還付すると述べないのだろうかとの疑問が生じます。

しかし、当時の社会にあっては、たとえば吉野作造が「対華二十一ヵ条」を、「帝国の立場」からみて「大体において最小限度の要求」であり、「支那にたいする帝国の将来の地歩を進むる上から見て、極めて機宜に適した処置」とみていたことからも察せられるように、日本の手に一旦は保有すべきであるという感覚は、珍しいものではありませんでした。二十一ヵ条交渉の際、山東を還付する旨の日本側声明を条約文中に残すように中国側が主張したのに対して、加藤外相は、還付声明はドイツが無抵抗のまま明け渡す事態の場合を想定していたのだから、現実に日独間に戦闘がおこなわれ、日本とイギリスの勝利に帰した今や、容易に還付できるものではないと回答しています。ただ、とにかく還付することについては、四月二十二日の日本側最終譲歩案の段階で明示されることになりました。軍事力を発動し、ドイツ軍を敗退させたのは日本なのだという認識が、生じていたのです。

パリ講和会議に海軍代表随員として参加したことで知られる竹下勇は、大戦勃発時には海軍軍令部第四班長でした。その竹下は、青島攻略作戦期の中国側の態度について、「支那政府は今尚我軍の山東鉄道占領に抗議しつゝあり。頑迷の徒、済度し難し」（一九一四年十月九日の条）であるとか「日置公使の電によれば、支那政府は又復《またまた》我軍山東鉄道占領に抗議を呈出す。袁の芝居驚くの外なし」（同年十月十三日の条）と日記に書き留めています。

中国側が中立侵犯について抗議しうることは、先にみたように、山県なども自覚していたことでした。竹下がそれを知らなかったとは思えません。おそらく竹下には、このほぼ半年後に外務省政務局長室に参集し、対中国政策を協議策定した外務省幹部・参謀本部員・軍令部員などと同様に、袁世凱に反対する心情があったためでしょう。第二次大隈内閣において、第三革命（袁世凱の帝政阻止のために立ち上がったもの）で立った南方の護国軍を援助する政策が閣議決定されるのは、一九一六（大正五）年三月七日のことでした。

パリ講和会議での人種問題

一九一八年十一月十一日、ドイツが連合国と休戦条約に調印したことで、四年の長きにわたった大戦が終結しました。戦争の結果、日本は債務国から債権国に劇的に転換できました。連合国の軍需品・食料品需要、アジア諸国などの日本製品需要、大戦景気にわくアメリカの生糸需要、の三つの要因によって、輸出が急速に拡大したからです。まさに元老井上馨が表現したように、大戦は国際収支の危機に悩む日本にとっては天佑でした。

講和会議で日本が提出した要求は三点ありました。①北太平洋の旧ドイツ領南洋諸島処分問題、②山東省利権継承問題、③人種差別撤廃問題です。①と②については、第一次世界大戦に参戦してゆく際の目的に直接関係する案件でしたので、理解しやすいですが、注目したいのは三つめの問題、日本が国際連盟規約のなかに人種差別撤廃に関する条項を入れようとしたことです。なぜ、唐突に人種問題が講和会議で主張されなければならないのでしょうか。

この問題は、深いところで日米対立の淵源となってゆく問題ですので、次に考えてみましょう。ランシング国務長官の回想などでは、日本が人種問題を提起したのは、日米間に対立があった山東問題を、日本側に有利に解決させるための「取引」材料とするためだったとの解釈が書かれています。

たしかにこれまで、民間には、黒龍会、東亜同文会などの活動を通じた、アジア主義的な人種連帯論がありましたが、日本政府レベルでみれば、その植民地政策に典型的であったように、むしろ差別する側に立ってきた国でありますから、多くの国が日本の提案に当惑したことは想像にかたくありません。なぜ政府内でこのような人種問題への措置を、連盟規約に盛りこまねばならないとの機運が生じたのでしょうか。

一つの経路は、連合国として戦争協力をなす際に、日本はその見返りとして、移民排斥についての善処を期待するという構造ができあがりつつあったことです。たとえば、一六年二月、イギリスからシンガポール方面への日本艦隊の派遣（巡洋艦四隻、駆逐艦四隻）を要請された際、石井菊次郎外相は英国大使に対して、次のような「交換条件」を示していました。すなわち、①オーストラリアとニュージーランドにおける日本移民の排斥、②オーストラリア政府が日英通商条約に加盟拒絶している問題（通商条約を締結すると、条約上の最恵国待遇と移民法の関係が問題となるため、オーストラリアは加盟していない)、などの点について善処を求めたのです。「帝国海軍が頗《すこぶ》る大なる犠牲も吝《おし》まざる」のに対して、考慮を願うとの文脈でありました。

同様の要求はアメリカに対してもなされました。たとえば外務省は、アメリカの対独参戦に敬意を表するために派遣した、遣米特派石井大使宛ての一七年七月二十四日付の訓令で、「在米帝国臣民に対する偏頗《へんぱ》不正の待遇問題」改善に向けた折衝を指示しています。外務省は不動産に関する権利の取得などにつき、日米両国は互いに最恵国待遇を与えることなどを内容とする協約を締結すべきであると考えており、その訓令は「合衆国憲法の規定する国際条約の効力を以て、各州の行動を掣肘する」方法をめざせと、明確に述べていました。

一九〇七年の連邦移民法には、初めて日本人移民に関する条項(ハワイ、メキシコ、カナダなど、米国本土以外を経由した日本人移民を排斥する条項)が挿入され、一三年八月からは、カリフォルニア州において外国人土地法(帰化能力のない外国人の土地所有と借地を禁止する)が州法として実施されていました。さらに一七年の連邦移民法は、日本人以外の他のアジア諸国からの移民についてほぼ全面的に禁止するものであったので、日本側の憂慮は当然大きかったはずでした。

二つの事例からわかるのは、戦争をともに戦う見返りとしてある種の国際条約を締結することで、日本が、いわば外の力によって、相手国の国内問題を牽制しようとする方式を選択しようとしていたことです。

講和会議に向けた訓令案準備の段階

一九一八年十二月二十二日、原内閣のもとで、パリ講和会議に向けた人種差別撤廃問題に関する訓令案が決定されました。そこでは、二つの論点から問題がとらえられております。一つは移民問題の解決としてであり、もう一つは、予想される国際連盟が反黄色人種的政治同盟にならないように、「人種的偏見より生ずることあるべき帝国の不利を除去せんが為、事情の許す限り適当なる保障の方法を講ずるに努むべし」というものでした。

後者の理由をよくみれば、人種的差別撤廃が、肌の色の違いによる人間の差別としてではなく、国家の差別という観点から要求されていることがわかります。また、前項でみたように、連合国として共同の行動をとった見返りとして移民問題の解決を図る、しかも、ある種の国際的協定によって相手国の国内問題だとされる移民問題を抑えていくという姿勢からも、国家の差別撤廃という観点が透けてみえます。

一方で、パリ講和会議に臨む日本側の全般的な外交姿勢には、大きく分けて二つの流れがありました。一つは、全権牧野伸顕と首相原敬などに抱かれていた観点で、欧米との協調主義的な外交、新式外交を日本は今後採っていくべきであるとの考え方でした。もう一つは、同じ外交調査会のメンバーのなかでも、とりわけ重要な位置を占めていた伊東巳代治（枢密顧問官）や後藤新平（寺内内閣の内相・外相）などによって抱かれていた観点です。伊東らは、国際連盟は机上の理想論に過ぎず、欧米の一等国が現状維持を目的として二等国以下の将来の台頭発展を抑えるための機関であり、公義人道をまとった偽善的一大怪物である、と認識しておりました。

次に、牧野の新外交方針をみてみましょう。牧野は、出発前の一九一八年十二月八日、外交調査会で発言し、まずはこれまでの外交について、厳しく批判していました。

帝国従来の国際歴史上に於ける行動を見るに、或は正義公正を標榜し、或は機会均等門戸開放を声明し、又は内政不干渉日支親善を唱道するも、実際に於ては此等帝国政府の方針乃至意思として表はるゝ所と日本の施設とは、往々にして一致を欠き、為めに列国をして帝国を目するに表裏多き不信の国を以てせしむるに至りたるは蔽ふべからざる事実なり。

（「外交調査会会議筆記」）

これまでの日本の外交は言行不一致であり、日本は世界から信を失っているのだという厳しい自己評価でした。この牧野発言の原案は、外務省政務局一課長小村欣一が書いたものであり、格調高い文書でした。小村の主要な提言の一つは、中国問題でした。中国問題は必ず今回の会議の中心的な問題の一つになるので、日本は各国に率先して、「日支の真実なる諒解親善の実を挙げ得る共益公正の方途」を示すべきであり、そのためにも中国に対して、治外法権撤廃、外国軍隊の撤退、団匪賠償金（義和団事件の際、中国側が負ったもの）放棄などを、率先して実行すべきだというものでした。

小村のもう一つの提言は、次のようなものでした。日本が講和で第一に考慮すべきは、自由均等・正義に基づく平和保持の組織（国際連盟のこと）が、「真に人種宗教歴史国力等の別によらざる完全平等の待遇」を、異人種異宗教国において実現できるかどうかの点であるとし、そのためにも中国問題で、以上のような公明正大な態度をとっていれば、この問題もうまくゆくはずだとの判断でした。つまり、小村の考えによれば、中国問題に関する公明正大な対処と、国際連盟における完全平等要求の貫徹は、相互補完的なものであるととらえられていたのです。ですから、日本側が人種差別撤廃案を作成していく意図としては、以下のような観点があったといえます。①各国が自国の国内問題であるといって逃げてきた移民問題を、国際的協定、具体的には連盟規約によって解決を図る、②予想される国際連盟が反黄色人種的同盟にならないよう、予想される不利への保障を図る、③中国問題などを公明正大に解決する日本の新外交方針を保障する、の三点です。

パリで

パリに到着した牧野は、ウィルソン米大統領とその参謀格であったハウスへの根回しを経て、一九一九（大正八）年二月十三日、連盟規約案第二一条の宗教に関する規定のあとに、人種的差別待遇撤廃の一項を挿入しようと連盟委員会に提案しました。訳文は「締約国は成るべく速に連盟員たる国家に於る一切の外国人に対し均等公正の待遇を与へ、人種或は国籍如何に依り法律上或は事実上何等差別を設けざることを約す」というものです。明らかにこれは、日本の移民保護を念頭に置き、連盟規約上から法律上・事実上の差別を撤廃しようとしたものでした。

委員会では議長代理セシルによって、日本の要求は高潔な動機による案であることは認められるものの、英帝国内において最も困難な問題を惹起する問題であるとの理由で、規約案第二一条全体を削除する方向で処理されました。

牧野が委員会に提出した案は、元来、二月五日、ウィルソンとハウスの手で修正を施された上での文言でした。しかしこの後、ウィルソン自身、この規約案に対する寛容な態度を変えざるをえない状況に追い込まれます。ウィルソンは、米国内の連盟反対論を説得するためにアメリカへ一時帰国します。しかし、帰米したウィルソンを悩ませていたのは、上院の三分の一以上が国際連盟に反対しているという現状でした。事態は悪化しており、その悪化要因の中心にあったのが、まさに日本全権の提起した人種差別撤廃案でした。

たとえば、二月二十八日、上院共和党（マサチューセッツ州選出）議員のヘンリー・カボット・ロッジは、「連盟は一切の国際紛争を裁決する権限がある。したがって、移民問題も連盟に付議されるだろう。しかし、移民や帰化の問題を、外国の決定に委ねるのは、まさに国家主権の最も貴重な作用を放棄するものである。どの国も、国境のなかに入れたくない人間の入国を拒む権利がある。このような規定はアメリカの主権を侵すものであり、内政干渉もはなはだしい」と演説し、全体として、連盟規約案に対して、①モンロー主義に関する留保、②移民・帰化問題の除外、③平和的脱退規定挿入などを要求し、批判を加えました。ウィルソンはこれに対して、アメリカの政治に関する内政干渉にあたる条項の削除を約し、そのなかには日本の人種差別撤廃案も含まれていたのです。

アメリカが最終的に連盟に加入しなかった経緯において、日本人の移民や帰化の問題が、かくも大きな比重を占めていたことは、改めて強調されていいことでしょう。人種差別撤廃案を考案していく際、国際条約の網をかぶせて、アメリカの国内問題を規制していこうとする思考様式が、日本の当局者のなかにたしかに存在したことを想起すれば、アメリカ上院の危惧も根拠のない問題ではありませんでした。こうして牧野は、規約を議する四月十一日の最終委員会において、人種差別撤廃案を移民保護を含意しないかたちの文言に改めた上で、連盟規約の「前文」に入れる後退を余儀なくされました。その結果、この文言は、人種差別撤廃の一般的理念を語る、「各国民均等の主義は国際連盟の基本的綱領なるに依り、締約国は連盟員たる国家の全ての国民に対し、平等且つ公正なる待遇の原則を付与すべきを確認すべし」というものになりました。

本来は、移民に対する法律上・事実上の差別を撤廃すべきであるとの案であったものが、ここで連盟構成員たる国家の平等と、国民に対する公正な待遇を、漠然と要求するものに変化しています。裁決の結果、出席者一六名中一一名の賛成を得ましたが、五名は反対しました。重要事項の裁決には多数決ではなく、全会一致が望ましいとしたウィルソンの判断により、この修正案も前文に載せられることはなく、牧野の修正意見が議事録に留められただけに終わりました。当初から最も強い反対が予想されたイギリス連邦諸国との折衝もおこないつつ、しかし基本的に、まずはアメリカ大統領の理解を得ようとした牧野の方策は、ウィルソン自身が上院からの強い反発を受けたことで、成功しませんでした。移民や帰化は、国家主権の重要な要素であり、この国内問題が国際連盟規約で律せられることを嫌う、アメリカ上院の意向が強くはたらいた結果でした。

日米両国における移民問題

少し時間をもどして、人種差別撤廃問題の中核を占めた移民問題が、日米それぞれにもった意味について考えてみましょう。パリ講和会議中、駐米大使をつとめていた石井菊次郎は、アメリカの上院外交委員会による連盟規約案審議状況を、詳細に報じていました。内田外相宛の一九一九年三月二日付電報では、大統領主催の両院外交委員招待晩餐会で、大統領が「移民問題は、全然内政問題にして、米国の完全なる管理に属すと決定的に断言したこと」を、ヒッチコック外交委員長などが議会で披露した点について報じていました。ヒッチコックはまた、「日本は移民問題を国際連盟の管掌に帰せしむべく、巴里会議を導くの望みを全く失ひたり」と述べたことも伝えています。

先にロッジ議員の連盟規約案への反対意見もみましたが、基本的にアメリカ上院は、アメリカの国内問題に対する連盟の介入をひどく嫌っていました。そして、国内問題への干渉が予想される事例として象徴的に上院の注意をひいた問題の一つが、日本が連盟規約案に挿入しようとしていた、「ある国のなかにいる外国人への、人種あるいは国籍を理由とした、法律上・事実上の差別を撤廃すべきだとの案」でした。とくに問題となったのは、法律上の差別を撤廃すべきだとの部分であったと考えられます。移民や帰化を禁止したり制限したりする法律が、連邦移民法や州法というかたちをとって、存在していたからです。しかし、日本側にしてみれば、移民問題について法律上の差別を撤廃する旨を連盟規約案に入れなければ、おそらく意味がなかったはずです。そのことは、内田外相から石井大使に宛てられた電報の言葉からも明らかでした。

帝国政府は国際連盟の根本趣旨に鑑み、人種の差別に依りて、法律上の待遇を異にすべからざるの主義を確立することを、極めて緊切なりと認め、此主義が一般の承認を得ざるに於ては、到底国際間並諸民族間に軋轢不満の因を断つこと能はざるべく〔後略〕。

日本としては、差別の撤廃を法律上において獲得することを、非常に重視していたわけです。それでは、なぜ日本は、それほど移民の法律上の差別について、大戦後の時点で問題にしなければならなかったのでしょうか。たとえば、決定的に日米関係を悪化させた一九二四年のいわゆる「排日」移民法においても、この法律の結果、日本が新たに失う移民の実質的総数は年間一五〇人に過ぎないともいわれていました。要は体面の問題といわれる所以ですが、本当にそうだったのでしょうか。

この移民問題に対して、強硬な主張を展開した政治勢力の例として、参謀本部の論をみてみましょう。やや時期は下りますが、二四年の排日移民法の制定に憤慨して、参謀本部内部で作成された「米国新移民法と帝国国運の将来」という文書です。

この文書では、新しい移民法によって、これまで、日米紳士協約で認められてきた特別待遇が日本人に与えられなくなるとの指摘に続き、悪いことには、多年公然と入国を禁じられてきた「支那人其他と同一なる、市民権を獲得することを得ざる外国人」という項目に、日本人が入れられてしまうことになるとの衝撃が述べられています。そして、アメリカ側が移民問題について、ときに応じてさまざまな措置をとるのは、「被排斥国民の国力と実力の粉飾なき反映」であると断じています。つまり、二四年という時点で、アメリカが日本にこのような移民法を適用したのは、ワシントン海軍軍縮条約での日米兵力差、大震災などが影響して、日本の国力と実力の低さが粉飾なく判断された結果であるとみていました。

アメリカが移民法という、ごく限られたチャンネルのなかで、日本を「低く位置づける」態度がなぜ問題なのかといえば、それは単なる体面の問題ではなく、「武威の減少」を意味するからだ、とも述べています。アメリカが日本を帰化不能外人として扱うことは、諸外国（端的にいえば、中国が想定されていると思われます）の日本に対する国力の過小評価につながり、それは中国の日本に対する軽侮につながるので、かえって戦争の機会を増すのだといっています。このような考察を展開していた参謀本部の一文書が、どのような対処法を掲げているのか、次にみてみましょう。

米国に対しては正義人道を以て主張の根本とし、徹頭徹尾国際条約違反を以て法律の無効を要求すべし。〔中略〕此事実は天下に宣明し国際法の威厳に関する世界の問題たらしむべし、要すれば国際連盟等に付議を試むるも可なり。

大戦終結後と、一九二四年の違いはあれ、国際条約という観点からアメリカの国内問題としての人種差別に歯止めをかけさせ、必要であれば、国際連盟に付議してでも、国際法の威厳を守れと、述べているわけです。

参謀本部の、ある一つの文書が展開している考え方を、日本全体に敷延させるのは無理があります。しかし、ここで注目していただきたいのは次の点です。つまり、この移民法によって新たに禁止される日本人移民の数が問題だったのではまったくなく、新たな排日移民法は日本の武威についての、とくに中国が日本をみる際の評価にかかわることが問題だとして、深刻に受けとめられていたという事実です。先にみたように、移民や帰化というアメリカ特有の国内問題を、外からの国際条約の権威によって抑圧していくべきであり、抑圧してよいのだという参謀本部の発想は、アメリカの上院などが最も嫌うものでした。移民の法律上の差別を連盟規約で撤廃しようとするのは、内政干渉そのものだったからです。国家の主権にかかわることについては他国の干渉を受けたくないというアメリカの意思は、その連盟参加を左右するほど重いものであったことを想起する必要があるでしょう。

真の衝撃とは何か

第一次世界大戦は、日本が主導的に始めた戦争ではありませんでした。日本は、徹頭徹尾、中国問題の「解決」と、ドイツの極東権益の継承をめざして参戦し、対戦中の水も漏らさぬ典型的な帝国主義外交の蓄積を背景に講和会議に臨み、アメリカや中国の抗議はあったものの、望みのものを手にすることができました。しかし、長い戦争が終結し、初めての国際会議において、北太平洋の旧ドイツ領南洋諸島、山東省利権継承という、二つの懸案が承認され、五大国の一員として迎えられても、日本は安心感に満たされた戦後をスタートさせることができませんでした。

講和会議中の外交調査会の会議筆記には、伊東巳代治などが、外務省公電よりも早い情報を、パリに特派員を派遣して報道合戦を繰り広げていた日本の新聞から入手して、外務省や全権を攻撃している情景が何度も出てきます。この事例からは、伊東よりは情報の入手は遅かったかもしれませんが、少なくとも新聞を読んでいる国民もまた、連盟に集った国々、とくにアメリカや中国がいかなる意見を議場で展開していたのかを知る位置にあったといえるでしょう。日本の全権団が秘密とする問題でも、他の全権団がその国の新聞に伝えれば、その情報はパリにおいて新聞記者団には周知の事実となっていったと思われます。そのような環境にあって、対華二十一ヵ条を「最小限度の要求」であると考えるような、戦前までの「当時の認識」は、国民のなかで支持され続けることができるでしょうか。

全権随員として牧野に同行し、パリで日本の情報宣伝工作に従事していた松岡洋右は、英米仏の記者たちが、日本の対支政策をどうみているのかを牧野に報じた文章のなかで、次のように松岡自身の対華二十一ヵ条観を率直に述べています。

所詮我に於て之れを弁疏《べんそ》せんとすることすら実は野暮なり。我言う所多くはspecial pleadingにして、他人も強盗を働けることありとて、自己の所為の必ずしも咎むべからざるを主張せんとするは、畢竟窮余の弁なり。真に人をして首肯せしむるや疑問。

後年、ジュネーブの国際連盟総会会場から退場してゆく松岡の姿からはなかなか想像しにくいことですが、素直に史料を読めば、松岡は二十一ヵ条や山東問題をめぐる、日本政府の方針を批判しているのです。special pleading と松岡がいっているのは、「特別訴答」と呼ばれる法律用語ですが、ここでは、自己に有利なことだけを述べる一方的な議論であるという口語的な意味で使われています。つまり、松岡は、二十一ヵ条についての日本側の弁明が、一方的な議論で、人々を心から説得する力がないといっているのです。苦学しつつもオレゴン州立大学を卒業した松岡でしたから、アメリカの法律用語で、日本の態度を諷《ふう》するのは容易なことであったでしょう。また、「実は野暮」という表現も、没落したものの、元は名だたる廻船問屋に生まれた出自や個性を感じさせるものとなっています。

そして、日本に対する国際的信用の程度が低いので、結局日本は山東省の権益を返還しないか、できるだけ遷延させるに違いないとする見方が、米人記者の間で圧倒的であると報じています。中国に租借地を返還するというのであれば、なぜ今ドイツから中国に直接引き渡さないのか、というわかりやすい疑問が記者の間には支配的でした。

また、日本全権が人種問題を提起したのは、山東問題解決との駆け引きに使うためだとの誣言《ぶげん》（松岡はこれを中国側から出たものとしています）が広く信じられていることについてもふれています。「一つは、亦山東問題は、斯かる術数を弄するにあらざれば、到底成功し得ざる程に非道なる問題なりとの観」を日本自身がもっているから、その困難を予期した日本が山東問題解決のために人種差別撤廃案を用意したのだとの憶測を生んでいると、松岡は報じていました。

ここで大切なのは、次のことです。分裂しているとはいえ、正統政府と認められていた当時の中国政府と日本とのあいだで、手続き上は疑問の余地のない形式で締結された山東省の利権継承のための一連の条約（一九一五年の「山東省に関する条約」、一九一八年の「山東省に於ける諸問題処理に関する交換公文」）が、パリにいる松岡の感覚では、すでにspecial pleadingと感じざるをえないものとして映っていたということです。つまり、これまで日本にとって疑念の余地のなかった要求が、講和会議をめぐる各国の詳細な外交・報道合戦のなかで、実は正当性に疑問がある要求なのではないかと認識されるようになっていたわけです。

一方、山東問題とはまったく別の経緯と目的をもって案出された人種差別撤廃案が、山東問題解決の駆け引き材料であると世界に誤解されたこと、さらにはアメリカ上院の反対のために、移民に対する法律上の差別待遇を論ずる道を閉ざされて、何の成果もあげられなかったことは、日本にとって重大な失策であると認識されるようになりました。会議の過程では、日本側もアメリカ側も、お互いに最も避けたい方式でしか対話ができない、厳しい関係に立つ場面もありました。

そして、人種差別撤廃案について連盟がとった態度は日本に対して不当なものだったという感情が、戦後、国民のあいだに生ずることは大方の予想したことでした。大阪毎日新聞記者で国際問題に通暁していた高石真五郎は、一九一九年三月二十四日付の牧野に宛てた書翰で「国民の平等承認の件は、帝国に取り極めて重大なる事態なるは、申上ぐる迄も無之候。殊に賢明なる閣下の既に察知せられし如く、日本国民は所謂プラウド・ピープルに有之、又国家的ヴァニチーを有し候」と書き、人種問題撤廃に関する正しい交渉経過を国民に詳しく知らせることが、「誇り高い」国民を自重させ、他日の捲土重来を図らせることになると、強く勧めていました。国民の暴発を高石は案じていたのです。この問題は、二十年ほどは歴史の舞台から消えますが、第一次大戦後の日本社会のなかに深く孕まれる問題となり、次の戦争の際に、それは鮮やかに蘇ることになります。

つまるところ、講和会議が日本に与えた真の衝撃とは、次の二つに集約できます。一つは、松岡の言葉でいえば、権益を旧来の帝国主義的な外交で獲得する方策は special pleading であり、もう「野暮」なのだとの認識が生じていたことです。そしてもう一つは、少し後の参謀本部の認識からもわかるように、移民法などに対しては徹頭徹尾国際条約違反であると主張して、その点からアメリカの非理を暴いていこうとする原理的な対決姿勢が、日本軍のなかに生まれたということでした。

〔注〕南満洲と東部内蒙古について
日露の第一回協約により、両国は秘密協定として満洲を南北に分割し、北満洲をロシアの勢力範囲、南満洲を日本の勢力範囲と定めた。また、第三回日露協約（一九一二年）で両国は満洲における境界線を西に延長するとともに、隣接する内蒙古を東西に二分割した。その東側を日本は東部内蒙古と称した。その後、協約の相手国である帝政ロシアが崩壊すると、日本の南満洲の定義は次第に拡張してゆき、リットン調査団に提出した資料では、日露協約時代よりも境界線を北に押し上げた解釈をとっていた。

【第七講の参考文献】
大山梓編『山県有朋意見書』
櫻井良樹『大正政治史の出発』、山川出版社、一九九七年
千葉県史料研究財団『千葉県の歴史　資料編　近現代1』
坂野潤治『大正政変』ミネルヴァ書房、一九八二年
「草案」斎藤実文書（書類の部）R38.36/13　国立国会図書館憲政資料室所蔵
「対支那時局卑見」斎藤実文書（書類の部）R38.36/15　国立国会図書館憲政資料室所蔵
I・ニッシュ『日本の外交政策』、宮本盛太郎監訳、ミネルヴァ書房、一九九四年
伊藤正徳編『加藤高明』、加藤伯伝記編纂会、一九二九年

斎藤聖二「第一次大戦と日本」、藤村道生編『日本近代史の再検討』、南窓社、一九九三年
外務省編纂『日本外交年表竝主要文書』、原書房、一九六五年
「山東省及独領南洋諸島戦後処分ニ関スル取極」牧野伸顕文書（書類の部）R25.346　国立国会図書館憲政資料室所蔵
北岡伸一『日本陸軍と大陸政策』、東京大学出版会、一九七八年
原奎一郎編『原敬日記　4』、福村出版、一九六五年
狭間直樹「吉野作造と中国」、『吉野作造選集　7』、岩波書店、一九九五年
波多野勝ほか編『海軍の外交官　竹下勇日記』、芙蓉書房出版、一九九八年
臼井勝美『中国をめぐる近代日本の外交』、筑摩書房、一九八三年
池井優「パリ講和会議と人種差別撤廃問題」、『国際政治　日本外交史研究』、有斐閣、一九六三年
鳥海靖「パリ講和問題における日本の立場」、『法政史学』四六号（一九九四年三月）
小林龍夫編『翠雨荘日記』、原書房、一九六六年
「人種差別待遇撤廃問題総括報告」、『国際連盟　人種差別撤廃　三』、外務省外交史料館所蔵
「内田外務大臣宛石井駐米大使発第一八三号電報」、「内田外務大臣宛石井駐米大使発第一八五号電報」、「石井大使宛内田外務大臣発第一五五号電報」いずれも『国際連盟　人種差別撤廃　一』、外務省外交史料館所蔵
一又正雄「日米移民問題と『国内問題』」、植田捷雄ほか編『近代日本外交史の研究』有斐閣、一九五六年
「大正十三年四月秘　米国新移民法と帝国国運の将来」、『密大日記』（陸軍省／密大日記／T13～5／12）、防衛庁防衛研究所戦史部図書館所蔵
NHK〝ドキュメント昭和〟取材班編『ベルサイユの日章旗』、角川書店、一九八六年

「山東問題乃至我一般対支政策に対する在巴里英米仏操觚者等の感想一般」、牧野伸顕文書（書類の部）R22.306　国立国会図書館憲政資料室所蔵

「大正八年三月二十四日付、牧野伸顕宛高石真五郎書翰」、牧野伸顕文書（書翰の部）第31冊、531番、国立国会図書館憲政資料室所蔵

第八講

なぜ満州事変は起こされたのか

大戦の教訓――経済封鎖と総力戦

一九一九（大正八）年六月二十八日、パリ講和会議において、ヴェルサイユ条約が無事に調印されたとの報を受けたとき、市井の人々はどう感じたのでしょうか。千葉県山武《さんぶ》郡源村（現東金市・山武町）の村長をつとめていた並木一郎は、同年七月一日の日記に「自分は幾多の人命、苦心、資財を以て購ひ得たる平和をして、無意義に終らしむること無きを祈ると共に、今后の思想の戦、経済の戦に、勝利を得んことをも祈るものなり」との感慨を書き留めています。

戦争の惨禍をくぐって、ようやく獲得された平和を大切にしてゆきたいという気持ちと、一方では、大戦によって、戦争の段階が思想戦、経済戦に移行したことへの自覚がみられ、それに日本が後れをとるべきではないとの意欲もみられます。並木一郎の反応をここで引用したのは、こういった反応が、当時の社会において広くみられた典型的なものだったからです。平和思想を積極的に受容する一方で、戦争が総力戦段階に達したことへの冷静な自覚もありました。

そして、大戦初頭にあたって、元老の山県などがイギリスの最終的な勝利、ドイツの最終的な敗北について確信をもてなかったことからもわかるように、日本側にとっては、なぜ連合国が勝利したのかということよりは、なぜドイツが負けたのかが、研究の対象となりました。フランス勤王党の指導者レオン・ドーデが、ドイツの敗戦が濃厚になりつつあった一九一八年四月に刊行した「総力戦論」を日本側が翻訳したものによれば、ドイツ敗北の要因は経済封鎖であり、封鎖が完全であれば、ドイツは二年以上戦争に耐えることは不可能であったのに、封鎖線が不完全なので、三年半ももちこたえていると分析しています。ちなみにドーデによれば、総力戦という用語は、一七年七月二十二日にフランス首相クレマンソーが、議会における質問演説中に唱えたという説をとっています。

それでは、総力戦とは、どのように要約されるべき戦争形態だったのでしょうか。経済学者土屋喬雄が、太平洋戦争中に書いた著作『国家総力戦論』から、その定義を紹介しておきます。それは、武力を中心とする戦争であることはもちろんですが、軍事・経済・思想など、国家の全面的総力をあげての激烈な総合戦で、かつ比較的長期にわたり、また、国家の経済力が思想的・政治的団結力とともに異常に重要性をもっている戦争形態、とされるものでした。

ともあれ、ドイツの敗北については、三四年二月に書かれたポール・アインチッヒの『再軍備経済観』でも指摘されているように、「その財源の薄弱のためではなく、連合軍の包囲、殊に海上封鎖のために原料は消耗し尽し、益々食料品は欠乏するに到り、遂に潰滅するに到ったのである」との判断がみられ、封鎖が決定的な要因となったことがわかります。

ポケットに最後の一シリングを持っている側の勝利、あるいは外債を他国の銀行から最後まで買ってもらえる側の勝利という、これまでの戦争の常識はくつがえって、極言すれば、戦費調達に必要な財源の限度というものはないということが、長期化する大戦で明らかになりました。このような認識の変化によって、たとえば日本海軍などでは、「次の戦争」を考察する際の基準に、ドラスティックな変化がみられるようになります。

一九一一(明治四十四)年作成と推定される「経済上より見る国防」という書類は、海軍主計少監佐伯敬一郎が、帝国議会に対する海軍予算獲得の説得材料の一つとして、斎藤実《まこと》海軍大臣のために作成したものです。この史料からみたいのは日露戦後の感覚です。次の戦争を予想する場合に、何が問題とされていたのでしょうか。ここで、佐伯は、今後予想される戦争の戦費という問題を立て、①ロシアと戦争する場合と、②欧米と戦争する場合、というように分けて問題を考察しています。

①の場合、もはやロシア海軍はないも同然なので、陸戦で勝敗が決せられることになり、戦費は陸軍の二五億五〇〇〇万円、海軍の五〇〇〇万円、合計二六億円と推定し、②の場合、海戦で勝敗が決せられることになり、その戦費は海軍の五億円、陸軍の二億円、合計七億円と推定できる、よって①に比べて②は、「国家経済上何等の苦痛を感ずるものにあら

ずして、而して戦勝の結果得る国力の発展に比すれば、実に安価なりと言う可し」と判断されることになります。ロシアと戦争するよりは、欧米との戦争のほうが安上がりであると論じて、最終的には、だから海軍軍拡は予算上も合理的だとの文脈で書かれているわけですが、端的にいって、欧米との戦争を安価といえる感覚が日露戦後には未だあったということに、注目したいのです。あくまで問題は戦費であって、外債をどれくらいの規模で抑えられるかという問題でした。

それに対して、第一次世界大戦の終末が連合国側の勝利に帰すだろうとの見通しが出てきたころの、一九一八（大正七）年一月、海軍では、臨時海軍軍事調査会（海軍大臣の下に一九一五年十月組織される）が「欧洲戦争海軍関係諸表」を作成し、来るべき講和会議に備えていました。この史料から、海軍の「次の戦争」を考える際の見方の変化についてみておきましょう。列国海軍力の比較や船舶の亡失などの表が多数作成されていることは当然ですが、ここでは、海軍と海運貿易、戦時工業についての項目が立てられ、最重要視されていたことがわかります。貿易については、とくに次のような点を指摘していました。

自給自足は本戦争の国防上に与へたる一大教訓にして、之に堪へざる国家の基礎は甚だ安定を欠くに至れり。〔中略〕万一戦時に際し、第二区〔香港以南から、インドにいたるフィリピン、オランダ領東インド、オーストラリア」の貿易迄も杜絶するに至れば、棉花・羊毛・護謨・石油・砂糖などの輸入、殆んど絶へて、我が国民の苦痛と国家の危険とは、実に甚大なるものあらん、若し夫れ更に、第一区〔香港以北の中国、関東州、シベリア、ロシア〕の貿易にして絶へんか、最早や我が国の国外よりの一噸の物資を得る能はず、戦時大需要ある鉄石炭の如きすら補給の途全く絶へて、国家は滅亡の外なきに至らん。

（「欧洲戦争海軍関係諸表」）

ここで海軍が、詳細な図表をあげて主張していたのは、戦時にあって、日本海、シナ海、南洋およびインド洋の海上権力を海軍が掌握してさえいれば、輸出入物資の約半分を、南方や中国から、戦時でも輸送できるとの見通しでした。次の戦争を考える際、輸入杜絶という事態と制海権とが密接不可分なものとして考察されており、単純な戦費の問題から封鎖への対応というように、力点が移動していることがわかります。

二回の国防方針改定と、そこに表現された中国観

「次の戦争」を想定する場合に、最も重要な鍵を握るのが帝国国防方針であることはいうまでもなく、大戦の影響は、ここに端的に表現されることになります。一九〇七〔明治四十）年に成立した帝国国防方針（想定敵国の第一をロシアとし、アメリカ、ドイツ、フランスをこれに次ぐとしたもの。想定敵国は一国）は、一八年六月二十九日に、まずは第一次改定がなされました。よって次に、改定の背景にどのような認識の変化があったのかをみてゆくことにしましょう。一見すると、第一次世界大戦後の状況を見通した改定にみえますが、一応の成案がすでに一六年にできていたことを考えれば、直接的な改定の理由は、大戦中になされた対華二十一ヵ条要求と、それにともなう、中国による排日運動（日本側には袁世凱政府が教唆しているとの判断がありました）に対処するためでした。

一八年の第一次改定は、アメリカ、ロシア、中国の三国を仮想敵国としたものでしたが、陸海軍共同の中国への干渉政策も練られており、陸海軍に共通する唯一の仮想敵国として、中国が帝国国防方針に盛りこまれた点に画期性がありました。また、成案ができたのちに、陸海軍の軍事調査委員会が研究した大戦の教訓も加味された結果、一九〇七年の国防方針にみられた短期決戦思想は、開戦初頭の決戦に続く長期の総力戦構想に変化していました。いずれにしても、この第一次改定のキーワードは、「中国」と「総力戦」の二つにあったといえるでしょう。

しかし、大戦も終結し、アメリカだけでなくソビエト＝ロシアも、できたばかりの国際連盟と無関係な位置に立つことが明らかになり、また、経済封鎖と総力戦の全貌も判明した戦後の地平から、改めて国防方針の第二次改定がなされるであろうことは容易に予想できることでした。さらに、一九二一年十一月から開催されたワシントン会議によって日英同盟が廃棄され、主力艦の対英米比率が六割に制限されたという新しい事態に応ずる必要が出てきました。こうして、第一次改定から五年めの二三年二月二十八日、早くも第二次改定がなされます。第二次改定にみられる情勢判断には、どのような新しい要素が加えられたのでしょうか。それを次にみてみましょう。

新しい国防方針の第三項には世界の大勢についての判断が述べられており、注目にあたいします。国際連盟はできたけれども、アメリカが参加を拒否したのでその効力は疑わしく、また新たに、太平洋や極東に関する諸条約（九ヵ国条約や四ヵ国条約）がワシントン会議で締結されたが、それらの条約によっても未だ東亜の全局に存在する禍根はなくなっていない、と分析した上で、次のように続きます。

禍機醞醸《うんじょう》の起因は主として経済問題に在り、惟《おも》ふに大戦の創痍癒ゆると共に、列強経済戦の焦点たるべきは東亜大陸なるべし。蓋《けだ》し東亜大陸は地域広大資源豊富にして他国の開発に俟《ま》つべきもの多きのみならず、巨億の人口を擁する世界の一大市場なれば なり。是に於て帝国と他国との間に利害の背馳《はいち》を来し、勢の趨《おもむ》くところ遂に干戈《かんか》相見ゆるに至るの虞《おそれ》なしとせず。而して帝国と衝突の機会最多きを米国とす。

（「帝国国防方針」）

最初の国防方針や第一次改定と異なり、陸海軍共通の仮想敵として、第一にアメリカの名前が挙げられており、中国をめぐる経済問題と人種的偏見を原因とする長年の対立から、日米戦争となる公算が高いとみなされていました。もちろん、国防方針における敵国というのは、対外的にすぐさまその国と戦争を始めるほどの緊張を前提として作成されるわけではありません。国家の戦略を遂行していく途上で、遭遇すると思われる妨害を排除するための国防力を、建設・維持・運営するための計画が国家には不可欠ですが、そのために、ある具体的な国を想定敵国として決めて計画を整備するという関係です。

この時期の軍関係者の作成した史料をみていると、経済封鎖を避け、総力戦に勝ちぬくための資源の供給地として、第一に、中国が想定されていました。中国から資源をとるのだという発想が確実にめばえています。国防方針作成の過程で準備された史料の一つが、一二二年五月の、参謀本部第二部第六課（「支那情報」を担当する課）の「支那資源利用に関する観察」です。その文書には、戦時になった場合、日本がその資源を自給自足できないことは周知の事実である、こうした資源は、制海権がなくなった場合には、「支那・西伯利《シベリア》等の大陸」に求めなければならないが、シベリアの軍需資源は貧弱なので、「戦時帝国の絶対不足資源は支那より之を求ざるべからず」との判断が示されています。ただ、この場合の中国に対する兵力使用は、物資の供給地に対する軍事占領を、その主な実態と想定していたものでした。いずれにしても、一九二三年の第二次改定では、中国をめぐる日米対立が禍乱の起因として想定されていることにご注目ください。

中国の財政を国際共同管理に置かないためにはどうするか

第一次世界大戦後なされた、二度にわたる国防方針の改定に共通していたのは、中国の重要性が、日本にとって格段に上昇したとの認識でした。そして、その重要性という意味には、二つの方向性が内包されていました。一つは、これまで述べてきましたように、日本が経済封鎖と総力戦に備えるためには、中国の資源が必要であるとの点からの重要性です。もう一つは、アメリカをはじめとする諸列強が東アジアに干渉を強める焦点としての中国、との観点からの重要性でした。国防方針の第三項として、世界の大勢を述べた部分を先に引用しておきましたが、その言葉を用いて表現すれば、「禍機醞醸の起因」としての中国という意味です。

二つめの意味での重要性について、少し説明を加えておく必要があるでしょう。このころの中国は、内戦と財政難により、政治的経済的に疲弊していました。一九二三年末ごろから翌年春にかけての状況でいえば、呉佩孚《ごはいふ》を中心とする直隷派が北京政界を支配していましたが、それに対して、①段祺瑞、②張作霖を中心とする奉天派、③ソビエト=ロシアと接近しつつあった孫文、の三者が盟約を結び、直隷派と対抗するという構造になっていました。そして中国の財政状況は、まさにいつ国際管理下に入るかわからない状況にありました。

歳入が四億五〇〇〇万元なのに対して歳出は六億五〇〇〇万元、そして、内外債は三〇億元を突破した、との観測が日本側、とくに参謀本部（編制・動員、戦争計画を管掌するとともに、外国情報、とくに中国の情報については、現地の駐在武官や軍事顧問など、実に広範な情報収集組織をもっていました）などによってなされていた時期です。外債の主な内容は、①賠償金、②鉄道収入・鉱山権を担保とする中央政府の借款、③実業収入を担保とする各省の借款、などでした。歳入の大きな部分を占める関税や塩税については、すでに英米などの実質的監督下に置かれて、その収入は借款の担保としての元利払いに充当され、使途についても厳密に指定を受けている状態でした。

このような中国の財政危機について、当時の参謀本部は次のような危惧を抱いていました。つまり、財政危機を終息させうる強力な政治主体の登場が当面は期待できない以上、列強は投下した資金をみずからの実力で回収しようとして、関税や塩税に関する管理をもっと拡大したバージョンである、列国による国際的共同管理が、中国に出現するのではないか、と。

この危惧を加速させる直接的な契機となったのが、一九二三年五月六日に起こった臨城事件でした。津浦鉄道の第二特急が、浦口から天津に向かう途中、臨城の付近で私兵集団による襲撃を受け、イギリス人一人が射殺され十六人の外国人が捕虜となった事件です。これをきっかけとしてイギリスは北京政府に、賠償や責任者の処罰、津浦線にイギリス人の運転主任・会計主任を任用することなどを求めるとともに、列国による共同の鉄道管理案、漢口・上海への共同出兵と海軍による示威行動を、北京にいる列国外交団に提案してきたのです。

参謀本部では、まさにその問題を、当時、張作霖の軍事顧問であった本庄繁などに諮問していました。満州事変勃発時には、関東軍司令官の地位に就いていた本庄ですが、このときには、次のような意見を参謀本部に送っています。

——税関、塩税、郵政などの部分管理にすでに成功している列国は、中国の政争が続くに従って、徐々にその力を鉄道その他の部分の管理にも及ぼしつつある。これが一挙に中国財政への一般的な国際管理にまで進行するとは思えないが、中国の財政破綻が免れなければ、列国は国際管理に踏みきるだろう。国際管理が実施されれば、イギリスは必ず関税管理のときのようなやり方や、鉄道管理案からもわかるように、既得権に比例した最大多数委員を出して、管理の中心的指導者の地位を占めるようになるだろう。アメリカは、列国の勢力圏を打破して、その既得権を侵害しようと図ってくるだろう。それは、アメリカが、無線問題やバス路線の整備などでみせたやり方で、多大の資本によって、実質上の権威者の地位を占めようと図ってくるだろう——。

このような英米の出方を予想するときに、本庄は、列国による中国国際管理という方向が、「帝国の存立上至大の危険」であると判断していました。よって、国際管理に進まないようにするにはどうしたらよいか、という「問い」を本庄は立てます。そして、アメリカがワシントン会議を開催したようなやり方、つまりアメリカのペースで、アメリカの利益を最大限に生かせるような軍縮案を他の海軍国にのませるように仕向けるやり方をとってくる前に、日本側が中国の統一のための国際会議を開催し、列国代表列席の下に、中央政府の首脳、各地の督軍、各政派代表、商務代表を網羅した権威ある統一会議を招集する構想について述べています。日本のこのような行動は誰がみても、猜疑心を抱かずにはいられないであろうことは、本庄も自覚的でありまして、そうならないために、「最も周到にして公平なる計画を樹て、親日を要求するが如き自我的意思を一切除去」し、「支那自体の統一達成を主眼とすべきなり」と書いています。

期待される統一政権が親日的である必要はなく、まったく公平な立場で中国統一に助力する日本という自己イメージは、にわかには信じがたいところです。しかし、イギリスやアメリカの絶大な影響力が固定化される可能性のある国際管理を回避するには、満洲を除いた長城以南の中国政府について、それがいかなるかたちであれ、とにかくその統一安定を心から支持するという考え方自体は、理解できるのではないでしょうか。

現実の中国の歴史は、日本主導の「公平な」統一勧告という路線も、また、英米主導の国際管理という路線もとることはありませんでした。国民党がソビエト＝ロシアと提携し、その指導のもとに組織や体制をボルシェビッキ的なものに改変させていく過程が、このあとに生じた現実の歴史でした。にもかかわらず、本庄の構想をみてきた理由は、中国の財政破綻についての予測が非常に深刻なものであったということをみるためでした。国防方針の第二次改定でみられた、中国は重要である、との認識についての説明は以上です。

アメリカにおけるオレンジ・プラン

これまで述べてきましたように、中国をめぐる対立から日米戦争になるとの想定をもつ国防方針は、一九二三年に策定されています。実は、これとほぼ時期を同じくする二四年、アメリカにおいても対日作戦計画であるオレンジ・プランが、正式な作戦計画として大統領の承認を受け、採択されています。もちろんアメリカにおいても、日本だけを対象としたプランが作成されていたわけではなく、イギリスやドイツを対象としたプランも同時に立てられていました。オレンジ・プランという名称は、大統領の諮問機関である陸海軍統合会議が、アメリカをブルー、日本をオレンジ、イギリスをレッド、ドイツをブラックなどと、色で示したことからつけられたものです。

しかし、興味深いのは、太平洋戦争勃発までに作成されたすべてのオレンジ・プランに共通していた構想として、①第一段階は、日本による攻勢的攻撃の過程、②第二段階は、アメリカがさまざまな方法で日本近海に迫ってゆく過程、③第三段階は、大陸によって生存しようとする日本の力を、空と海からのアメリカの力で封鎖し、包囲して降伏させる過程、としてとらえられていたことです。日本側が二三年に改定した国防方針とも、呼応するものになっていることも、注目されるでしょう。

戦争はできるという議論——海軍の場合

ここまで読んできますと、日本はどうやら第一次世界大戦から経済封鎖や総力戦という概念を学んだ結果、二〇年代の早くから、アメリカを主たる仮想敵国として、長期にわたる総力戦に耐えなければならないとの構想を抱いていたのかと思われたかもしれません。中国をめぐる問題から日米戦争にいたるという構図は、実際に日中戦争から太平洋戦争へと戦争が拡大していった、あの長い過程とちょうど符合しているようにみえるからです。

しかし、二〇年代というのは、パリ講和会議、ワシントン会議を経て軍縮の機運が高まり、さまざまなデモクラシー状況が進展していた時期であり、また、現実には日米の経済関係が非常に良好な発展をとげていた時期でもあります。ですから、陸海軍の次なる戦争に対する発想が、長期にわたる総力戦を単に要請するものであったとは考えられません。将来予想される、長い戦争に勝利するための自給自足体制の確立をうったえるだけでは、国民の支持を獲得していくのは難しかったでしょう。

大切なことは、二〇年代から満州事変へ向かう時期における、具体的な戦争の方法についての構想が、かえって、短期決戦を望むものになっていったことでした。事実、国防方針の第二次改定では、第一次改定のときにみられた、長期の総力戦に対応するとの構想は後退していました。次の戦争が総力戦になることは避けられないにしろ、第一次世界大戦ほど長くかかることはないのではないか、ある変数を調整してうまくやれば、大戦の長期化も避けることができたはずだし、今後はその教訓を活かして、長期化を避けるべきなのではないかとの発想です。

総力戦の時代ではあるが、うまくやれば速戦即決にもちこめる、大丈夫、戦争は資源のない日本でもできるのだ、という論法は、実は、当時の国際協調によってもたらされた軍縮・軍備整理の思想ともうまく共存しうるものでした。軍縮は、軍の効率化に底の部分でつながっているからです。また、長い戦争はもうこりごりだという感覚は、世界にみなぎっていたはずでした。

たとえばこの時期、欧米で有力となった陸軍の軍隊組織についての理論には、次の二つのパターンがありました。①長期戦のための予備兵召集や原材料・資財の準備をおこなう時間をかせぐために、敵からの第一波の攻撃をうまく吸収できるような、小規模だけれども近代化された常備軍をもつ、②敵が防衛線を準備する前に決定的な打撃を与えるために、完成され近代化された多数の予備兵を保有しておく、というものです。ただ、どちらも長期戦を避けるという考えで発想されているという点では同じものでした。

欧米での想定と日本のそれは異なる部分もありますが、①は宇垣一成に代表される軍近代化構想と近く、②は上原勇作などに代表される、現役多数師団保有構想に近いといえるでしょう。①は戦力の質を向上させて短期決戦を図り、②は戦力の量による短期決戦をめざしたものであり、従来は対立ばかりが強調されてきましたが、実は、ともに短期決戦をめざしている点では同じだったとみることもできます。

第一次世界大戦があれほど長期戦になったのには理由があって、本来はもっと早く終わらせることもできたという観点からなされる、同時代の証言もみておきましょう。穂積陳重と歌子の息子で、東京帝大法学部教授であった重遠は、大戦勃発時にイギリスに在外研究中であり、大戦中のイギリス国内の対応を詳細にその日記に記していました。一九一四（大正三）年十一月二十四日、ロンドンの日本人会での講演において、のちの満州事変のときに参謀次長となる二宮治重が次のように述べているのを、穂積は書きとっています。

英国が平生の準備を欠きたる上に、動員出兵に立ち遅れたるは甚だ不手際にて、さもなくば戦局は大いに変化し、あるいは戦争は起こらざりしやも知れず。

（『欧米留学日記』）

二宮はここで、敵からの第一波の攻撃をうまく吸収できるような小規模な近代化された常備軍をイギリス軍がもたず、望ましい陸軍動員をイギリスが実行できなかったために、一四年九月のマルヌの会戦を契機とする西部戦線の膠着が始まったのだ、との非難をイギリスに向けていたのでした。

これまで、戦後に生じた短期決戦論について、陸軍を中心にみてきましたので、次に海軍についてみてみましょう。斎藤実文書には、ロンドン海軍軍縮会議が開会された一九三〇（昭和五）年一月の日付のある「軍縮所見」という文書があります。これは、海軍の長老山本権兵衛、牧野伸顕内大臣、一木喜徳郎宮内大臣、国務大臣、枢密顧問官などが首相官邸に会合した場合に、最新の情勢に基づいた軍縮問題を、加藤寛治海軍軍令部長などが説明するための資料として作成されたものです。文書は、①補助艦七割の由来、②米国海軍政策、③帝国主張の三要点、④緒言、という構成で書かれていますが、注目すべきは②です。この史料は、あくまで加藤の観点に基づいて書かれていますが、米国海軍が大戦で学んだことについて、まず、次のようにまとめています。

——アメリカが大戦によって学んだ最大の教訓の一つは、速戦即決の必要である。積極的攻勢に出なければ、戦争は長引く。その結果どちらが勝利しても共倒れになる。速戦即決は決戦に限る。大戦が長くなってしまったのは、英国大艦隊の安全第一主義のためであった。過度の自重と無策とが主因の一であるから、アメリカ海軍としては、いかにして劣勢艦隊に決戦を強いるべきかを専心研究せねばならない——。

加藤の言葉でアメリカの方針が語られると、アメリカの方針は本当にそのようなものであったのか、真偽が疑わしく思えますが、オレンジ・プランを詳細に分析した軍事史家ミラーの *War Plan Orange* によれば、アメリカ海軍のなかには、アメリカの国富が戦争を果てしなく続けさせうることも、従順な日本人が指導者の命ずるままにいつまでも戦うことも、どちらも疑念の余地がないならば、問題となるのは、アメリカ国民の忍耐であり、それは時間的に限られているとの認識が深く刻まれていたといいます。

事実、アメリカにおける作戦計画のプランナーたちは、一九二四年の文書では、「政府および産業界は、長期戦の準備をすべきであるが、動員は短期決戦の必要ある場合に限り行うものとする」という、両論併記的な、ある意味で混乱した判断を記し、二八年の文書でも、「我々は長期戦を覚悟しなければならない。しかし、できるだけ短期間に勝利を獲得できるよう作戦行動をとるべきである」と書いていました。そして、非常に面白い点は、彼らが想定していた動員可能な短期決戦の期間が、動員日から二年という設定であったことです(二八年一月に策定された「対日全面戦争の作戦進捗予想」表による)。アメリカにとっても戦争は、せいぜい二年と想定されていたわけです。

我々はよく、日本海軍の考えていた短期決戦構想に対して批判を加えて、資源に乏しい日本が、長期持久戦を強いられないための自己中心的な願望から、短期決戦論が出されてきたかのように考えることが多いのです。しかし、これまで述べてきたように、短期決戦論というのは、アメリカ海軍においても同様に唱えられていたことに注意していただきたいと思います。二年という数字も同様で、日本海軍の対米作戦構想は、本土近海で米太平洋艦隊を迎え撃つ邀撃《ようげき》思想（渡洋する米国艦隊を補助艦隊で漸減し、本土近海で主力艦による艦隊決戦をするとの発想）であり、新しい軍艦造艦に少なくとも二年以上かかることから、開戦前にストックされていた戦力で二年以内に勝負を決すべきだとする短期決戦思想でした。アメリカ海軍の二年という数字も、造艦に必要な年数から導き出されていたわけです。

海軍軍令部長の加藤も、さきほどの文書のなかで、次のような、不敵ともとれる発言を残しています。

最重要なるは、日米用兵上の研究が恰《あたか》も符節を合する如く一致する点である。然し之は、何等不思議とするに足らぬ。国防用兵と云ひ、軍事機密と云ふも、要するに常識の問題であるから、正確なる資料に基き真剣なる研究を積めば、結局同一結論に到達するのが当然。（「軍縮所見」）

日米両国とも、世界大戦の経験から多くを学んだのだから、その作戦構想は相似形となり、似通ったプランで向き合うことになると、加藤は判断していました。

ロンドン海軍軍縮条約

　第一次世界大戦で日本側の得た教訓の第一は、経済封鎖と総力戦の重要性についてでありましたが、国際協調と軍縮に比重をおく戦後の社会的思潮は、無視するにはあまりに大きなものでした。それは日本のみならず、アメリカでも同様でした。そこで、経済封鎖と総力戦の重要性についての認識は、軍の近代化によって短期決戦が可能であるとする展望とともに語られることによって、はじめて存在し続けることができたという構造になります。これは、そのように作為されたというよりは、長い戦争をくぐりぬけてきた人間の願望がそうさせたといえるでしょう。

　近代戦争を遂行するにあたって、長期にわたる自給自足が可能な理想的な国が地球上に存在するとしたら、それがアメリカであったことは、同時代の人々にも十分わかっていました。それにひきかえ、鉄鋼や石油などの基幹物資でさえ他国に大きく依存しなければならない資源小国が日本であるということも、十分自覚されていました。しかし、そうであるならば、なぜ日本側は、長期の自給自足が可能な国との戦争を、計画としてではあっても、この時期、構想することができたのか、という問いが生ずるのは当然のことです。

　この時代の平和思想や軍縮思想は、戦争の短期決戦化や効率化を支持するものでした。交戦国が新しい軍艦を建造するのに必要な年限二年以内に勝敗を決する、つまり、中国の重要な資源地域を軍事占領しながら、アメリカとのあいだでは二年以内の短期決戦を戦うという、加藤などに代表される構想は、ある一定の条件を日本がクリアすれば戦争はできるのだ、という感覚を国民に生じさせてゆきます。

ある一定の条件というのは、先ほどの斎藤文書中にありました「軍縮所見」の①の部分で、渡洋するアメリカ艦隊を補助艦隊で漸減しておき、本土近海でおこなわれる主力艦による艦隊決戦を想定する場合、補助艦の対米比率が七割以上確保できていれば、可能性があるとの前提を指しています。

しかし、日本海軍の対米戦争計画にリアリティを与えていた、この前提に変更がもたらされるような事態が生じます。それが、一九三〇(昭和五)年四月二十二日、五大海軍国(英米日仏伊)間に調印された補助艦(巡洋艦・駆逐艦・潜水艦)の保有量制限などに関する条約、ロンドン海軍軍縮条約でした。ワシントン会議で決定された主力艦の比率と同じ比率(アメリカ五、イギリス五、日本三)で補助艦(とくに八インチ砲搭載一万トン級大型巡洋艦)の保有量を制限しようとしたアメリカ側に対して、対米七割を主張する海軍、なかでも海軍軍令部と、七割を欠いても交渉妥結を図ろうとする浜口雄幸内閣が、鋭く対立した話はよく知られています。

ただ、ここで注目したいのは、次のことです。会議で日本の獲得すべき原則として、二九年十一月二十六日、浜口内閣が閣議決定した三原則とは、①補助艦兵力量の総括的対米七割、②八インチ砲搭載大型巡洋艦の対米七割、③潜水艦の現有量保持(三一年度末現在)というもので、基本的に海軍軍令部長加藤らが論じてきた要求項目に従ったものだったということです。つまり、加藤らの主張は、軍縮会議に臨む政府の方針として採用されていたものでした。

よって、キャッスル駐日アメリカ大使が、軍事的かつ専門的見地からみて、なぜ日本は対米七割の大型巡洋艦を必要とするのか、その理由をスティムソン国務長官やアメリカ側全権に納得できるように説明したらよいではないか、と迫ったのに対して、幣原喜重郎外相が、おおよそ次のように発言したことの意味が理解できるでしょう。

――七割要求の専門的な理由を討議するときには、どうしても日米戦争を仮想した上での論議となってしまい、会議場を小戦場化する危険がある。しかし、キャッスル大使とのあいだであるから率直に申し上げるが、日本の軍人は、日本が七割以下の場合にアメリカが日本を攻撃すれば日本は絶対に勝算がない、七割ならば日本がアメリカを攻撃することはもとより不可能だけれども、アメリカから攻撃された場合、日本には多少の「チャンス」があると考えている。したがって政府としては、絶対に勝算がなくてもいいという案を提唱することはできない――。

対米七割要求について、幣原が、日本には島嶼や水道が多く、また海岸線が南北に長く伸びており、極東方面の海洋の安寧を維持する必要がある、などといった表向きの説明で逃げていない点が面白いのです。同様のことは、三〇年二月十七日におこなわれた、イギリス・アメリカ・日本の全権による会議の席上、若槻礼次郎全権が述べている論点にも通じます。二月五日、アメリカ全権団の一人、上院議員リードから米国側の試案が提示され、それに応じて日本側も二月十二日、日本側試案を提出したものの、双方の妥協が困難なことが判明した時点の発言は、次のようなものでした。

此種の談合にては虚心坦懐の必要を信ずるを以て、我方よりも最も率直に申上げんか、日本国民は日本は七割の兵力にては米国を攻撃し得ざる事明白なるに反し、真の仮定なるが、米国は理論上日本を攻撃し得べく、従て米が七割を拒み六割を主張するは、其の場合攻撃に便ならしめんとするが為に外ならずとの結論に到達するの外なく、此の感想を覆すことは絶対に不可能にして、従て我々は七割以下の比率に依る条約には到底調印し能はざる、困難なる立場に在ることを充分諒得せられたし。

(『日本外交文書』)

アメリカが日本に六割比率を要求するのは、それが日米戦争の際に、アメリカを優位に置くための作戦上の要請からくるものではないかとの疑念が日本国民のなかに深くあり、七割以下の条約では、その国民の疑念を払拭することはできないのだと、若槻は論じていたのです。

幣原や若槻が、閣議決定であった三原則を、自身の理念がどうであれ、英米側に対して貫徹しなければならないのは、優れた外交官であれば当然のことと思われますが、英米側に説得にかかる際の論理が、基本的に加藤らの論理に乗っているという点が重要でした。

ロンドン軍縮会議に臨む若槻礼次郎。右にスティムソン米国務長官と財部海相(前列)

若槻全権らの粘り強い交渉の結果、最終的な日米妥協案では、日本の兵力量は、具体的な建造計画を調整することによって、総括的な比率で対米六割九分七厘五毛を獲得できることになりました。そこで、閣議決定を経た三原則と、実際の軍縮会議での決定事項を比較して、軍縮会議の結果を確認しておきましょう。閣議決定の三原則中、①はほぼ達成され、③の潜水艦については、日本の要求の約八万トンは認められなかったものの、当初、潜水艦全廃を要求していた英米が、日仏の廃止反対論により、英米日同量の五万二七〇〇トンに落ち着いたとみれば、双方の妥協の産物と評価できます。しかし、②の大型巡洋艦の対米比率を七割とする、加藤らの主張のなかで最も重要な原則は認められず、アメリカの主張のまま六割という比率で押しきられています。

これは、加藤らの海軍軍令部にしてみれば、日米戦争を短期決戦で構想しうる前提の重要な核を失ったことを意味していましたので、彼は会議の結果を打撃的なものと受けとめました。また、海軍はワシントン会議以降、次に開かれるべき軍縮会議に向けて、周到な情報宣伝活動をおこなってきましたので、国民のあいだには、ロンドン軍縮会議において大型巡洋艦の対米七割要求が破れたことは、国家の安全に対する重大な脅威であるとの感覚が生じました。まして、英米日とともにワシントン海軍軍縮条約には調印していたフランスとイタリアが、このロンドン海軍軍縮条約には部分的に参加するにとどまり、一番大切な補助艦の保有量についての協定に参加しなかったことは、日本側のある部分に、なぜ日本も仏伊と同様にしなかったのかの思いを起こさせました。

ヴェルサイユ体制、ワシントン体制確立後の世界情勢において、中国問題を契機に引き起こされると想定されていた日米戦争に一定程度の勝算を与えていたのが、補助艦比率でした。その重大な要《かなめ》の部分に変更が加えられたとの認識がここに生じてきたのです。

軍縮会議に対する二つの観点

ロンドン海軍軍縮会議に対しては、これまで書いてきたような海軍軍令部のような権力政治的なとらえ方だけでなく、あるいは、国家安全の危機としてのとらえ方だけではなく、ある意味で、現実的な力をもった理想主義が実現したとのとらえ方もなされていました。相対立する二つ観点がありえたのです。後者の考え方、現実的な力をもった理想主義の実現とは、日本において吉野作造が一九一九年一月の時点で論じていた、次のような内容を意味するものでした。

> 万国平和論、国際会議は必ず真面目に討究さるべき問題であるが、憾《うら》むらくはこの問題の提唱者はこれまで常に弱国の政治家であったので、その価値を低下されたのは誠に残念である。〔中略〕ところがこの度の大戦争の結果、弱国の政治家がその独立安全を保たんが為に利用し来つた問題は、強国の政治家に依りて真面目に論議されたのである。
>
> (「国際連盟は可能なり」)

ユートピアに属するとみなされてきた種類の構想に、アメリカという大国が率先して保証を与えたという事態の意義の大きさは、イギリスの外交官であり外交史家でもあったH・ニコルソンが、吉野の論説とときを同じくして、「ウィルソン主義が当時あれほどまでに世人の情熱的な関心事になったのは、一つに全く、長い夢であったものが突如として世界の最強国の圧倒的な資源によって裏づけられるにいたったためである」と判断していたことからもわかります。

ロンドン会議が、なぜ、現実的な力をもった理想主義の実現という側面をもつのでしょうか。それは、イギリスの第二次マクドナルド内閣がアメリカに対して、不戦条約を英米間の緊密かつ支配的事実と考えて、この条約を軍備縮小に関する交渉の出発点として用いたいとの意向を一九二九年七月に示し、フーバー大統領とスティムソン国務長官がそれに同意したからでした。いうまでもなく不戦条約とは、前年の二八年八月二十七日、パリにおいて一五ヵ国間に調印されたもので、国際紛争解決のため戦争に訴えることを非として、国家の政策の手段としての戦争を放棄するとの内容をもっていました。これを裏側からいえば、自衛戦争と制裁のための戦争という、二つのカテゴリーの戦争については、依然として否定されていなかったことになります。

英米の動きをみて日本もまた、一九二九（昭和四）年十月十五日の閣議決定で、戦争放棄に関する条約を軍備縮小に関する一切の討議の出発点とする原則を支持する旨を述べ、不戦条約を出発点とした軍縮会議に全幅の同意を与えていました。このような文脈の上に、元老西園寺公望の英米協調論や、昭和天皇の浜口首相への激励がなされてもいたのです。

三〇年三月の時点で西園寺は、「国際平和の促進に誠意を以て努力するといふことを列国に認めさせて、即ち日本がリードしてこの会議を成功に導かせるといふことが、将来の日本の国際的地位をます〳〵高める所以であって〔中略〕現在日本は英米と共に采配の柄をもつことができる立場にあるのではないか。〔中略〕フランスやイタリーと同じやうな側に附くといふことが、国家の将来のために果たして利益であるかといふことは、判りきつた話ではないか」と述べています。

西園寺の話の主旨は、大型巡洋艦の対米七割をあくまで主張することの非を論じて、五大海軍国中の劣勢国である仏伊などとは与《くみ》せずに、英米との協調による条約の成立を図るべきだというものでした。また昭和天皇は、浜口首相に対して三月二十七日、「世界の平和の為め早く纏《まと》める様努力せよ」と激励していました。若き昭和天皇、その最大の援護者であった元老西園寺、内大臣牧野伸顕、侍従長鈴木貫太郎、宮内大臣一木喜徳郎などの宮中グループは、これまで述べてきたような、理想主義的な軍縮会議観の持ち主でした。

一方では、海軍軍令部の加藤に代表されるような英米観も、たしかに整合性をもつものでした。たとえば、E・H・カーはその著書『危機の二十年』で、国際連盟の軍備縮小委員会の様子を、リアリストの観点から冷ややかに描いてみせています。「自国に不可欠な軍備は防御のためであり善行であるとし、他国のそれは攻撃のためであり悪行であるとする着想は、特に効果を示した。その十年の後に、軍縮会議の三つの委員会が、軍備を『攻撃的』と『防御的』とに分類しようという無駄な努力に数週間も費やしたことがあった。各国の代表は、自国が依存する軍備は防御のためであり潜在的相手国のそれは本質的に攻撃のためのそれであることを立証すべく、純粋に客観的な理論にもとづくという建前をとって、きわめて巧妙な議論を展開した」。

ロンドンの場においても、潜水艦の全廃が人道的見地と軍縮の本義からして望ましいとイギリス側が述べれば、アメリカ側も、潜水艦の濫用がアメリカを大戦に参加させる直接の原因となったのだから、そのような兵器の存続を許容することは、不戦条約の下に召集された会議にふさわしくない、と応じていました。しかし、当然のことながら、これに最も反発したのはフランスでした。フランスは、ワシントン会議の際にフランスが主力艦についての比率を受諾したのは、他の防御的な艦種についての建造の自由をもつことを条件としていたことを英米側に思い出させようとしていました。また、潜水艦は防御的な武器であって、主力艦や補助艦の比率が劣る国にとっては、沿岸防備や海外植民地との連絡保全上必要なのだから全廃には反対であると、フランスの新聞などは論じていました。「純粋に客観的な理論にもとづくという建前をとって、きわめて巧妙な議論を展開した」とカーが評した軍縮論議のやり方でいえば、英米側の主張も巧妙でありましたが、加藤寛治らの反論も、たしかに巧妙なものでした。加藤は次のように述べます。

要するに軍縮は平時戦略の一種であって、彼〔アメリカ〕は之〔日本の戦備を対米六割とする〕に依り不戦屈敵の実を挙げんとし、我〔日本〕は之〔同七割とする〕に依りて外侮を禦ぎ、戦争誘発の危険を避けんとする〔のであるから、どちらの主張が理にかなっており、どちらの主張が非であるか〕孰《いず》れが軍縮本来の精神と不戦条約の精神に合するか問はずして明である。

（「軍縮所見」）

加藤の論理では、対米七割の戦備をもつことで外国の軽侮を防ぎ、戦争誘発の危険を避けられるのだから、日本の主張は軍縮と不戦条約の精神にかなうものであると説明したのです。

カー流のリアリストの視点からみれば、国際問題において理想主義的な主張のなされるのは、その主張をする国が最優位に立った瞬間ということになります。カーは、「国際的団結とか世界連合の主張は、結合した世界を統制することを望んでの支配的国家から出される」、またいわく「国際的秩序とか国際的結合というのは、つねに、これらを他の国家に押しつけるだけの強みを感じとっている国家の唱えるスローガンであろう」。

日露戦争のおりの日本海海戦で劇的な勝利をおさめ、その後はカリスマ的な存在となっていた東郷平八郎が、加藤寛治に対して、一九二九年十一月十三日に語った言葉は、まさにカーのいうところと通ずるものがありました。

英米が口に不戦を唱え国際連盟を云ふなら、布哇《ハワイ》や新嘉坡《シンガポール》(菲島と云はれたるも此意ならん)之防備や兵力之集中は何之為かと云え。〔中略〕世界平和は結構、且つ万人之声なること幣原の「ラジオ」之如くなれど表と裏がある。幣原はア、云わなければならんかも知れんが、吾々は其裏を考へ用心堅固にせねばならぬ。(「東郷元帥之御答え」)

世界平和を外交官が説くことはよいけれども、不戦条約や国際連盟の裡面には、権力政治的側面があることを忘れてはならないと、東郷は述べていたのです。

主観的危機意識のめばえ

これまで述べてきたように、ロンドン軍縮会議をめぐって相反する二つの観点からの議論が国民の前で展開されているという状況がありました。そしてそこに、最低限の要求であると海軍側によって喧伝されてきた大型巡洋艦の対米七割要求が、どうも達成されなかったという事態が加わったとき、国民の対外的な危機意識は、主観的なものであったかもしれませんが、たしかにここで胚胎されたというべきでしょう。この対外的危機意識が、国民的一体感や国家の統合を進展させてゆくという構造が生まれてきます。

軍の青年将校などが、このころから、「昭和維新」「第二の維新」などをスローガンとして唱え出すのは、基本的には、明治国家がなによりも対外的な危機に対する対応から生まれたのだとの記憶が呼びさまされたからでした。国家の安全感が脅かされたときに、昭和の時代に、明治維新が引用されるという事態が生じます。

明治維新のときのような国民的一体感を再度高めなければならない事態、つまり対外的な危機がふたたびそこにやってきている、という認識です。第二講の「西郷の名分論」の項で論じましたが、西郷などは、旧幕府の倒れた理由を、ひたすら攘夷の戦争を避けて「無事」を追求したこと、いいかえれば、外侮を受けて、武威が保てなくなった点に求めていました。このような認識は、第七講の「日米両国における移民問題」の項で示した、参謀本部による議論——アメリカが移民法で日本を低く位置づけると、中国などが日本の国力を低く評価することになるので、武威の低下につながり、それは、戦争の機会を増すという論——と同一の認識です。

戦争はできるという議論——陸軍の場合

ここまで長らく、大戦の教訓——経済封鎖と総力戦への備えの重要性、さらには長期戦への覚悟の必要性——が日本に根づきながら、なぜ海軍のなかで、日米戦争は可能であると考える加藤寛治のような議論が生じえたのかについて、そしてその議論が、ロンドン海軍軍縮会議の結果、成立しえなくなった経緯についてみてきました。そこで今度は、陸軍において加藤と同様の役割を果たした、石原莞爾の議論をみてゆきましょう。

石原莞爾

少し時間はさかのぼります。一九二七(昭和二)年、参謀本部作戦課員の鈴木貞一と要塞課員の深山亀三郎が中心となって、軍の装備改善のためにつくっていた研究会に、二葉会(陸軍士官学校十六期の永田鉄山、小畑敏四郎、岡村寧次らが中心となり、反長州閥の方向での人事刷新、満洲問題の解決を図るための同志的結合）のメンバーが合流するかたちで、木曜会という研究団体が組織されていました。

二八年一月十九日に開催された木曜会第三回の会合で、当時、陸軍大学校教官であった石原は「我が国防方針」との題で話をしています。ここで石原は、「日米が両横綱となり、末輩之に従ひ、航空機を以て勝敗を一挙に決するときが世界最後の戦争」と述べ、のちの最終戦論に結びつくような発言をすでにおこなっております。しかし、注目されるのは、この日米戦争論ではなくて、むしろ、日本から「一厘も金を出させない」という方針の下に戦争しなければならないといい、「全支那を根拠として遺憾なく之を利用せば、二十年でも三十年」でも戦争を継続できると述べていた部分です。

石原の論は大勢の聴衆を前にした、空虚な大言壮語のようにみえますが、石原の報告の場には、永田鉄山（陸軍省整備局動員課長）、東条英機（陸軍省軍務局軍事課員）、鈴木貞一（参謀本部作戦課員）、根本博（陸軍省軍務局課員）などの出席が確認されますから、真面目になされたものであると、まずは判断すべきです。石原の、この謎のような構想は、同時期に石原によってなされていた陸大の講義録にも反映されていますので、それによって、一厘も金のいらない戦争構想について、補っておきましょう。

貧弱な日本が、もし百万人規模の最新式の軍隊を出征させ、膨大な軍需品を補給しなければならないとしたら日本は破産するので、これは避けなければならない、といったあとに、石原の講義は次のように続きます。

我等の戦争は、「ナポレオン」の為したるが如く、戦争により戦争を養ふを本旨とせざるべからず。即ち占領地の徴税物資兵器により、出征軍は自活するを要す。支那軍閥を掃蕩《そうとう》、土匪《どひ》を一掃して其治安を維持せば、我精鋭にして廉潔なる軍隊は忽《たちま》ち土民の信服を得て、優に以上の目的を達するを得べし。

（「欧州古戦史講義」）

石原は、二三年の国防方針における戦争の想定に従って、中国をめぐるアメリカとの対立から戦争になることを予期していますが、そのアメリカとの戦いにおいては、中国全体を根拠地として戦争を続ければ、戦争によって戦争を養えると、こう論じています。一厘も金を出させないというのは、軍閥の支配に苦しむ中国へ、あたかも解放軍として日本軍が乗りこんでいけばよい、との構想でした。

なぜ、このような構想を抱けたのかといえば、後年の石原の回想によれば、二八年から二九年にかけては、大戦によるロシアの崩壊、その後の混乱が未だ「天与の好機」だと考えられていたためで、日本の大陸経営を妨げるものは、主としてアメリカだけであると思われていたからだといいます。ソビエト＝ロシアに対する危機感が強まるのは、もう少しあとのことです。

中国はといえば、一九二六年四月、北では、段祺瑞の下野後、奉天派の張作霖が呉佩孚とともに北京政府を支配し、南では、同年七月、国民革命軍総司令に就任した蔣介石が北伐を開始するという緊迫した情勢が続いており、二七年末には、南京の国民政府がソビエト＝ロシアとの国交断絶に踏みきります。ソビエト＝ロシアは中国からも後退してゆくころでありました。

もちろん、このような石原の見通しは、満州事変後の、ソ連の軍事的強大化という新事態によって狂いますが、中国の資源でアメリカと戦争を続けるという発想は、対日経済封鎖をおこなえば日本側がとるであろうとアメリカ海軍が想定していたシナリオと、まさに合致していました。二九年の時点で石原は、こう述べています。

露国の崩壊は天与の好機なり。日本は目下の状態に於ては世界を相手とし東亜の天地に於て持久戦争を行ない、戦争を以て戦争を養う主義により、長年月の戦争により、良く工業の独立を完うし、国力を充実して、次いで来たるべき殲滅戦争を迎うるを得べし。（「戦争史大観」）

ロシアが弱体のうちに、日中戦争を持久的に戦い、国力を充実させて、アメリカとの最終的な戦争に向かうというイメージを述べています。これを荒唐無稽であるということはたやすいのですが、歴史は、たしかに日本の工業が日中戦争のさなかに重化学工業化への転換をとげたことを告げています。また、第一次世界大戦が終結した時点では、日本陸軍はどこからみても三流の軍隊に落ちぶれていましたが、それも日中戦争によって大きく変わります。ソビエト赤軍第四部の国際スパイ、ゾルゲが評したように、「日本陸軍は、中国戦争のあいだに、二三万名に満たない小陸軍から、ドイツや赤軍規模の大陸軍に発展した。そのうえ、中国戦争までは技術上全く遅れていると見なされたのであったが、今ではすべての近代兵器を擁し、技術上も高度な歴戦の陸軍」といえるほどに変貌をとげることになりました。

満州事変へ

基本的に、満州事変を起こさせた動機は、ソ連の弱体なうちに満蒙をとっておき、北満洲までとっておけば、ソ連はしばらくは出てこられないという、石原の非常に楽観的な見通してでした。石原が、ナポレオンの対英戦争のイメージで、「戦争を以て戦争を養う」「一厘も金を出させない」方針で戦争ができるのだと語ったとき、これは、説得の論理として、為政者や国民の意識のなかに入ってゆきやすいものだったのではないでしょうか。

作戦行動としての満州事変は周到に計画されました。マーク・ピーティーが述べたように、北満秘密偵察旅行などの知見に基づいて準備された周到な軍事計画というだけではありませんでした。台湾の中央研究院近代史研究所の黄自進が明らかにしたところによれば、事変の勃発時、関内の華北の第一三路軍を買収して反乱を起こさせ、満洲に駐留していた張学良の軍隊二〇万人のうち一三万人を関内におびき出して満洲を手薄な状態にするという工作も実行されました。そして、その上で、一九三一(昭和六)年九月十八日、中国東北遼寧省瀋陽(奉天)北方の柳条湖で、満鉄の軌条を中国軍が爆破したとの口実のもとに、満州事変は起こされたのです。

【第八講の参考文献】
Leonard A. Humphreys, *The Way of Heavenly Sword, The Japanese Army in the 1920's*, California: Stanford University Press, 1995.
陸軍省主計課別班『経研資料調　第二七号　レオン・ドーデの「総力戦」論』、一九四一年九月

土屋喬雄『国防科学叢書2　国家総力戦論』、ダイヤモンド社、一九四三年
資源局『再軍備経済観』、一九三四年
「経済上より見たる国防」、斎藤実文書（書類の部）R51.54/48　国立国会図書館憲政資料室所蔵
「秘　欧洲戦争海軍関係諸表」（臨時海軍軍事調査会編纂）、牧野伸顕文書（書類の部）R19.286　国立国会図書館憲政資料室所蔵
島貫武治「第一次世界大戦以後の国防方針、所要兵力、用兵綱領の変遷（下）」、『軍事史学』九巻一号（一九七三年）
斎藤聖二「国防方針第一次改訂の背景」、『史学雑誌』九五編六号（一九八六年五月）
黒野耐『帝国国防方針の研究』、総和社、二〇〇〇年
「秘　支那資源利用に関する観察　参謀本部第六課」、「密大日記」（陸軍省／密大日記／T12～5／11）、防衛庁防衛研究所戦史部図書館所蔵
池井優「第一次奉直戦争と日本」「第二次奉直戦争と日本」、栗原健編著『対満蒙政策史の一面』、原書房、一九六六年
「極秘　支那国際管理問題に対する意見　陸軍少将本庄繁」、「密大日記」（陸軍省／密大日記／T13～5／12）、防衛庁防衛研究所戦史部図書館所蔵
坂野潤治「日本陸軍の欧米観と中国政策」、『近代日本の外交と政治』、研文出版、一九八五年
Edward S. Miller, *War Plan Orange: The U.S. Strategy to Defeat Japan 1897-1945*, Annapolis: Naval Institute Press, 1991（邦訳沢田博訳『オレンジ計画』、新潮社、一九九四年。ただし、邦訳では注が省略されている）
荒川憲一「戦間期の戦争経済研究について」、『軍事史学』一三九号（一九九九年十二月）

穂積重遠『欧米留学日記　1912〜1916』、岩波書店、一九九七年
拙稿「ロンドン海軍軍縮問題の論理」、『年報　近代日本研究　宮中・皇室と政治』、山川出版社、一九九八年
外務省編刊『日本外交文書　一九三〇年ロンドン海軍会議　上・下』、一九八三年、一九八四年
吉野作造「国際連盟は可能なり」、『六郷雑誌』（一九一九年一月）、『吉野作造選集　6』、岩波書店、一九九六年
E・H・カー『危機の二十年』、井上茂訳、岩波書店、一九九六年　改訳版
「東郷元帥之御答え」、伊藤隆ほか編『続・現代史資料　5　海軍　加藤寛治日記』、みすず書房、一九九四年
伊藤隆『昭和初期政治史研究』、東京大学出版会、一九六九年
筒井清忠『昭和期日本の構造』
角田順編『石原莞爾資料　戦争史論』、原書房、一九九四年、新装版
石原莞爾『最終戦争論　戦争史大観』、中央公論社、一九九三年
ゾルゲ「日中戦争中の日本経済」、『地政学雑誌』（一九三九年二月号、三月号）、リヒアルト・ゾルゲ『二つの危機と政治』、石堂清倫ほか訳、御茶の水書房、一九九四年
拙稿「政治史を多角的に見る」
マーク・ピーティー『「日米対決」と石原莞爾』、大塚健洋ほか訳、たまいらぼ、一九九三年
黄自進「満州事変と中国国民党」、中村勝範編『満州事変の衝撃』勁草書房、一九九六年

第九講

なぜ日中・太平洋戦争へと拡大したのか

満州事変——計画者たちの主観

為政者や国民が、いかなる論理を媒介にしたとき、戦争をやむをえないと受けとめたり、あるいは積極的に求めたりするようになるのか、また、そうさせる論理というものはどのような回路で生まれてくるのか、について考えるのが、本書のライトモチーフでした。それについていえば、この満州事変の前後ほど、国民全体の事変への受けとめ方が、関東軍の発する言葉と一体化していた時期はなかったように思います。どのような論理を媒介として、関東軍の事変への意義づけが国民に受けとめられてゆくのか、これを分析することにしましょう。そのためには、まず、満州事変計画者たちの主観的な意図を検討する必要がありそうです。

事変勃発時に関東軍参謀の地位にあった石原莞爾にとって、事変による獲得目標は明快でした。それは、①ソ連が未だ軍事的に弱体なうちに、しかも②中国とソ連の関係が最悪なときをねらって、日本とソ連が対峙する防衛ラインを短縮させる方向で東北四省(黒龍江省・吉林省・遼寧省・熱河省)、すなわち長城線以北の地域を軍事占領し包括的に支配することでした。この地域をなぜ支配しなければならないかといえば、先にみたように、アメリカとの戦争の際に必要だったからです。一見すると満州事変は、ソ連の軍事的脅威、中国の

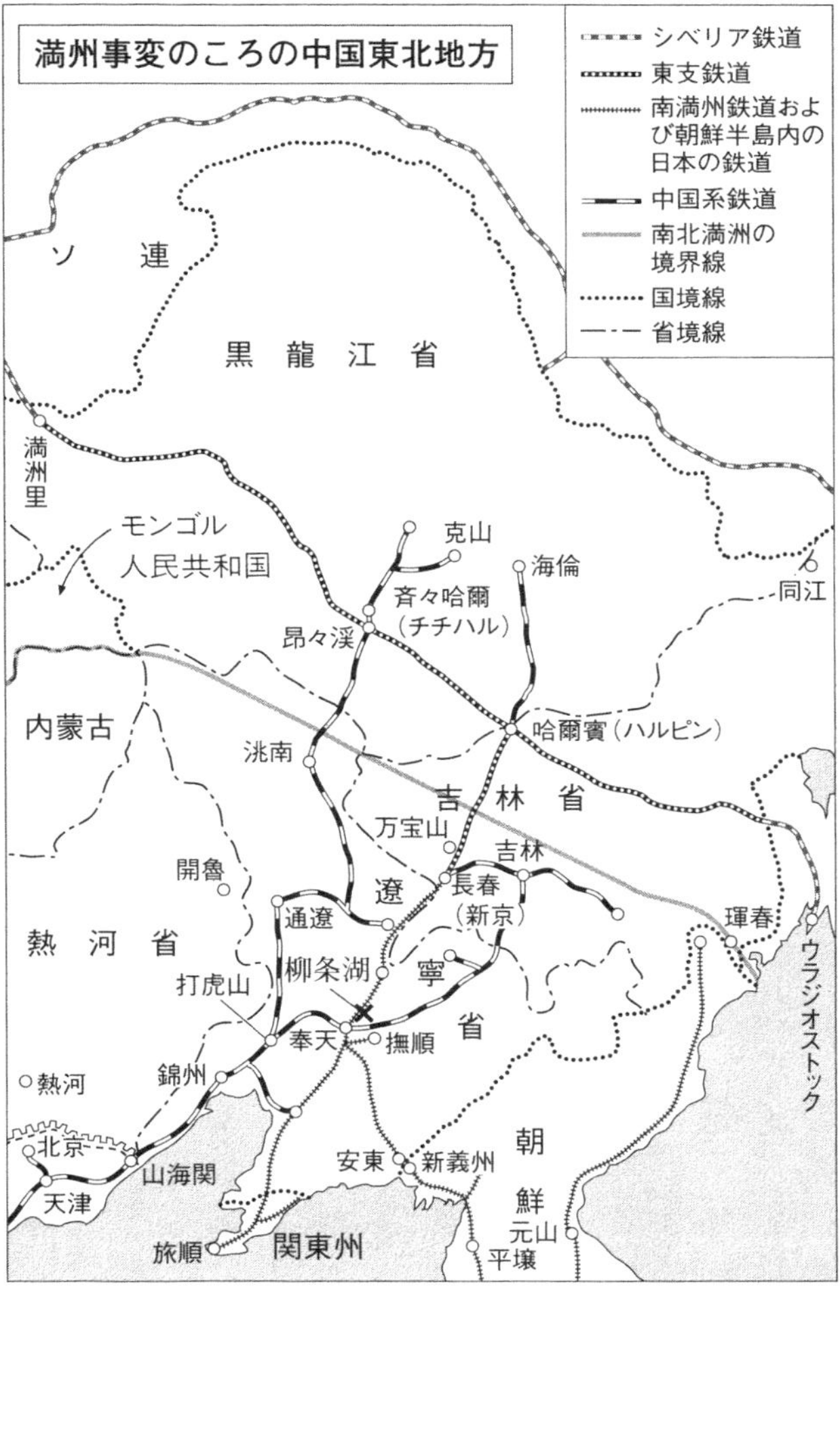
満州事変のころの中国東北地方
シベリア鉄道
東支鉄道
南満州鉄道および朝鮮半島内の日本の鉄道
中国系鉄道
南北満州の境界線
国境線
省境線
ソ　連
黒　龍　江　省
満洲里
モンゴル人民共和国
克山
海倫
斉々哈爾（チチハル）
昂々渓
同江
内蒙古
洮南
哈爾賓（ハルピン）
吉　林　省
万宝山
吉林
開魯
長春（新京）
遼
通遼
琿春
ウラジオストック
熱　河　省
柳条湖
寧
打虎山
省
奉天
撫順
熱河
錦州
朝
北京
安東
新義州
山海関
天津
鮮
元山
旅順
関東州
平壌

ナショナリズムによる脅威という、目の前の事態に対処するために起こされたようにみえますが、それはむしろ付随的な問題であり、実際の当事者の主観では、将来的な国防上の必要から起こされたという点を、まずはご理解ください。

では、日本とソ連が対峙するラインを短縮させる方向での防衛拠点の形成というのは、具体的には何を意味していたのでしょうか。それは、日本側が南満洲に加えて北満洲まで、すなわち東北四省をすみからすみまで占領してしまうことで、それまでソ連(北満洲)と日本(南満洲)との勢力範囲を画していた境界線を、一挙に実際の中ソ国境線まで押しあげてしまうことを意味していました。

そもそも、日本とロシアの勢力範囲を画した境界線は、一九〇七(明治四十)年の第一回日露協約の追加約款で決められていたものです(前ページの地図を参照)。南北の満洲を分ける境界線は、まさに満洲の見通しのよい平原を東西に横切る線でしたので、日本にとっては、地形的に苦戦を強いられる不利なものでした。そこで、東北四省全体を軍事的支配下に置くことをめざし、北は小興安嶺《こうあんれい》山脈という天然の要害と黒龍江で、西は大興安嶺で画された中ソ国境線まで進出し、西南は松嶺・七老頭・陰山などの諸山で中国本土と境を隔てる、という方策が選択されます。この場合、天然の要害部分を利用することで、実質上の防衛ラインを短縮しうるとの軍事的判断がありました。

さて、これらの膨大な地域を軍事的に占領するには、当然のことながら、ソ連と中国の現状に対する分析が事前になされていたはずです。先に、「①ソ連が未だ軍事的に弱体なうちに」と書きましたのは、内戦末期に五五〇万人に達したといわれている赤軍兵力が、一九二八(昭和三)年の時点において、六三万人、戦車九二輛に縮小されていたとの判断が関東軍にあったことを指しています。

また「②中国とソ連の関係が最悪なときをねらって」というのは、二八年十二月の易幟(東北政権が国民政府の支配下に入ること)後、張学良がソ連に対して強硬な姿勢をとったことに起因する中ソ紛争が勃発していたことを指します。そして、国民政府の蔣介石はといえば、江西中共軍に対する掃共戦を戦っている最中で、三一年七月二十三日、安内攘外(国内の敵を倒してから外国に立ち向かう)方針を通電で全国に明らかにしている状況にありました。総じて、ソ連も中国も、事変勃発に対して実効的な対抗措置はとれないだろうとの見通しのもとに、事変が計画されたのです。

事変への意義づけ①　九ヵ国条約、不戦条約をどう乗りきるか

これまで述べてきましたように、満州事変は、ある軍事的目的のために周到な計画のもとになされた謀略的軍事作戦でした。石原や板垣征四郎などの関東軍参謀や、かねて彼らと密接に協力してきた満鉄調査課法制係主任の松木侠（事変後は関東軍国際法顧問として活動）などは、一九二〇年の連盟規約、二二年の九ヵ国条約（中国の主権・独立・領土的行政的保全を尊重する）、二八年の不戦条約（国家の政策の手段としては戦争にうったえない）などを、おそらく根拠としてくる連盟やアメリカの介入を防ぎつつ、どのようにしたら東三省全体、あるいは東北四省全体を国民政府の支配から切りはなせるかについて、事変の発現形態をデザインしていました。満洲全体を奪取する究極の目的は、対米戦にあるわけですが、それは国民の前には伏せられています。この点を伏せつつ、満洲を切りはなすための、さまざまな説明が内外への説得の論理として、準備されるようになります。

まず、連盟規約と九ヵ国条約に対しては、これらの条約は日本が東北を中国本部（東北以外の部分）から分離するような直接行動を許さないけれども、「満蒙新政権の樹立は表面支那自体の分裂作用の結果なり」（「昭和六年秋末に於ける情勢判断同対策」）という線で説明することが可能であるとの認識をもっていました。さらに、「支那人自身が内部的に分離するは、右条約の精神に背馳せず」（「一九三二年一月　板垣参謀携行案」）との考え方が普通になされていたことは、さまざまな文書からも確認できます。

現在の地点からみれば、いかに荒唐無稽な論理にみえようとも、こういった方法によって、連盟規約と九ヵ国条約を乗りきろうとする方針は、実際に、陸軍・海軍・外務三省課長間での合意になってゆきました。「満蒙政権問題に関する施措は九国条約などの関係上、できうる限り支那側の自主的発意にもとづくが如き形式によるを可」とする旨が、三二年一月の時点で、決定されていました。第一次世界大戦後の民族自決の論で説明してしまおうとするものです。

もう一つ、不戦条約を根拠とする、予想される批判についてはどうでしょうか。日本による軍事行動が、国策の手段としての戦争を禁じた不戦条約に抵触しないと、本気で考えられていたのでしょうか。先に名前の出てきた満鉄調査課の松木が起草した文書は、不戦条約の締結に際してイギリスが、「世界の或地方に於ける治安は、英国の利益に緊切なる関係を有するに付、其地方に於ける英国の自由行動を認められ度き」旨の留保をつけたことと、その際日本もまた、自衛権の発動が不戦条約の規定に拘束されない旨の留保をなしたことを述べていました(「昭和六年十一月　満蒙自由国設立案大綱」)。自国の安全に関係ある、特定の地域に対する自衛行動については、不戦条約締結時に留保してあるのだ、との認識がみられます。

ここに、第八講で述べた石原構想——張学良による中国東北部の支配を匪賊並みの軍閥支配であるとみなし、軍閥・匪賊の収奪から住民を守れば、関東軍は現地で自活できるとの考え——が加わるわけです。関東軍の作戦の最中に、張学良の支配に苦しむ満洲の人々が、圧政に耐えかねて独立をはかったのだという筋書きなのでしょう。

こういった文書を読みますと、満洲の独立国家化は九ヵ国条約や不戦条約に抵触しない方法で達成できるし、そうしなければならないとの、ある意味で不敵な気迫が伝わってきます。アメリカや連盟による、一連の条約を理由とした干渉の余地がないように、国民政府からの東北全部の離脱というかたちをとって九ヵ国条約を乗りきる決意を、関東軍参謀などが事変勃発後早い時期にかためていた様子がうかがわれるのです。

そうであれば、張景恵、熙洽《きこう》、于芷山《うしざん》などの満洲に生活基盤をもつ政客が、国民政府からの離脱を表明する決起宣言を「自主的」におこなう気になるような状況が整備されていなければならないことになり、そのためには、張学良の力を支えていたその軍を、東北から駆逐する必要性が生じます。張学良軍の精鋭が、奉天から南下して集結していたのが錦州ですから、関東軍にとって錦州をおさえておくことは絶対に必要だと考えられました。

関東軍が、連盟注視のもとで、満鉄沿線からはるかに離れた南北にわたる満洲全域での作戦行動（もちろん表面上は鉄橋の修復などといった理由をもうけて）をやめようとしなかったのは、東北全体の要地を軍事的に制圧し、張学良軍の勢力を南に追いやることなくしては、のちに満州国に参加してくるような政治家たちが国家建設に乗り出してくるわけがない、との判断によると思われます。軍事的作戦によって全体性が担保されることで、東北の全部の省での、国民政府からの離脱宣言が可能となるとの因果関係です。
関東軍は、事変勃発から数ヵ月間、連盟における日本代表や幣原外相の努力を愚弄し、陸軍中央の停止命令を無視する態度をとりました。しかしそれは、みずからの力を政府や連盟に対してみせつけるための無軌道な挑発というよりは、九ヵ国条約違反という予想される足かせを、張一族の「悪」政からの独立という、民族自決の論法で説明しきるための条件を整える作業と考えたほうが実態に近いでしょう。関東軍は、この路線での説明に自信さえもっていたのです。
連盟がリットン調査団を派遣して、調査団が実際に調査をおこなっていた時期にあたる三二(昭和七)年五月一日、橋本虎之助関東軍参謀長が小磯国昭陸軍次官に宛て、連盟を敵視するような日本国内の新聞論調に不快感を示し、注意を促した電報からも、それは察せられます。

内地新聞等に、連盟を敵視する如き傾向あるは満洲問題に関する限り面白からず。寧ろ之を脅威するよりも、納得せしむるを可なりと思惟す。

関東軍が、連盟調査員を納得させる自信があり、納得させなければならないと考えていた点を注目してください。少なくとも、関東軍参謀や満鉄調査課の松木などは、日本の行動が、実のところ、連盟規約・九ヵ国条約・不戦条約違反であると自覚していたことについては、「表面」中国の自壊自体の結果とするようにみせるという言葉づかいや、「自発的発意に基づくが如き形式」、という表現からもわかります。しかし、彼らは、関東軍の行動は自衛のためであり、満蒙の独立国家化は張一族の「悪」政から満洲の人々が逃れるための中国人自身の自壊作用なのだと、自国民に対しても、また世界に対しても、断固として説明し続けました。

関東軍のこうした行動と説明に、国民が心から一体化できた背景としては、九ヵ国条約違反でも、不戦条約違反でもない手法で、満蒙の既得権益を守れる途を関東軍が示したことへの評価があったからでしょう。それでは、関東軍参謀や満鉄調査課員たちのみならず、国民もまた、なぜこれほどまでに、条約に違反しない日本、という前提の確保に固執したのでしょうか。それを次に考えてみましょう。

事変への意義づけ② 中国への非難

日本側は事変勃発のかなり以前から、条約を守らない中国、条約を遵守する日本という図式に立つ論法を再三にわたって展開していました。その当否については、あとで詳しく検討しますが、条約を守らない中国といって日本が中国を非難する場合に、含意されていたのは、大きくわけて二つの問題についてでした。

第一の非難は、条約に基づいて日本が正当に取得した権益を、背信または不法行為によって中国側が阻害しているという主張でした。その阻害に対して、実力をもって権利を自衛したのだという論理になります。とくに重大であるとみなされた、条約上の権利侵害には二つありました。

具体的には、①南満州鉄道付近にそれと併行する幹線および、利益を害すべき支線を敷設しないという、一九〇五年の取極（「満洲に関する日清条約附属取極」）があるにもかかわらず、張学良政権が満鉄包囲網というべき併行線を敷設したこと、②南満洲において、各種商工業上の建物を建設するための土地あるいは、農業を経営するための土地を商租する権利が、一九一五年の「南満洲及東部内蒙古に関する条約」によって認められているにもかかわらず、たとえば、間島《かんとう》における朝鮮の農民が土地を商租する権利が中国側官憲の不誠意によって実現されていないこと、の二点でした。

第二の非難は、満洲の都市部・華中・華南で広くみられた排日貨、対日ボイコットが中国側の組織的な指導によってなされているとの主張でした。ボイコットがなぜ条約違反となるのでしょうか。それについて、一つの事例をみてみましょう。

三一年十月十七日、満州事変に関して、フランスが日本に対して、不戦条約との整合性に注意を喚起した通牒を送って日本に圧力をかけたことがありました。その際、日本政府は、十月二十二日付で回答を発し、それまで何度も中国各地で展開されていた組織的排日運動を取りあげ、「中国政府が其の自国民の法律無視の行為を容認するは、パリ条約〔不戦条約のこと〕第二条の明文又は其の精神に合致するものと認むる能はざる」と切り返していたのです。

つまり、不戦条約第二条（「締約国は相互間に起ることあるべき一切の紛争又は紛議は、其の性質又は起因の如何を問はず、平和的手段に依るの外、之が処理又は解決を求めざることを約す」）の条文からすれば、中国がたとえば日本の山東出兵などに対する復仇措置としてボイコットをしたと主張しても、それは、平和的手段によって解決されなければならなかったと反論していたのです。この事例からは、対日ボイコットを取り締まらなかったという点で、中国政府の行為こそが不戦条約違反にあたるとの日本側の考え方がわかります。

日本側が展開していた論理は、満鉄併行線問題にしろ、商租権問題にしろ、ボイコット問題にしろ、徹頭徹尾、条約で規定された守られるべき日本の権利が蹂躙された以上、それを実力で守ってどこが悪いのかというものでした。日本を正とし、中国を悪とする、二分法の論理です。わたくしはここに、先ほどみた、関東軍参謀や満鉄調査課員松木、のみならず、国民の世論が、事変の適法性にこだわった理由があるのだと考えています。中国は条約違反の国家であると、心からの怒りをもって日本国民が中国を糾弾するためには、日本の行動がいかなる意味でも違法であってはならなかったわけでしょう。

リットン報告書の附属書には、大阪商業会議所に属する経済人たちと、リットン調査団の面々が会った際に、同会議所によって手交された文書が引用されています。そこには、対外戦争に対しては懐疑的であってもいいはずの経済人の言葉としては、かなり激しい調子の、次のような言葉が連ねられていました。

世上ボイコット運動を目して、支那の蒙《こうむ》りたりと自称する不法行為に対する復仇措置として、支那側の採用せる手段なりと為すものあり。又現下のボイコットに付満洲に於ける紛争が其の原因なりと為すものあり。斯かる論法は全然誤謬にして決して正当なるものに非ず。満洲の変乱を惹起せるは〔中略〕支那が条約に依り日本に認められたる権利を尊重せず、日本をして其の権利を確保する為正当防衛の行動に出づるの外なからしめたるに依る。

経済的に不当な差別を受けたという感情は、重要です。満蒙問題の解決を掲げていた、木曜会という陸軍中堅幕僚たちの組織については第八講でふれましたが、一九二八年二月十六日に開催された第四回の会合で、幹事役の参謀本部作戦課員鈴木貞一は、注目すべき発言をしています。「現代の国家は何物なるか」と問いかけて、それは「自由を獲得せんが為めのもの」であると定義し、そのなかで最も大切な自由が、経済的自由であるというのです。経済的自由を獲得するのが、現代の国家の役割であると参謀本部の軍人までが述べるようになる雰囲気が、この時代には、たしかにありました。

これまでみてきた、中国に対する非難をまとめれば、①条約上で認められた日本の満洲既得権益への侵害、②不戦条約違反の行為である反日ボイコットを、国民党が組織していること、の二点になります。この二点について、条約を守る日本、条約を守らない中国という見事なまでに徹底した立場が貫かれています。しかし、国際関係というものは、それほど明確に黒白がつけられるものなのでしょうか。条約で認められた日本の権利を中国側が守らないといった場合、それは、中国が革命外交的なアプローチ、すなわち、自由意思によって締結された条約でないから遵守しないとの論理を展開して、中国側が守らなかったのか、あるいは、中国国民のナショナリズムが、日本の度重なる侵略的行為で刺激された結果、中国側も日本の条約上の権利を力で蹂躙するようになったのでしょうか。それとも、長いあいだにわたって蓄積され獲得されてきた、条約や規定の解釈自体に、もともとグレーゾーンがあったのでしょうか。それを次に検討してみましょう。

条約解釈上の問題①　商租権問題

これまで、日本側が主張していた論点を追ってきましたが、満洲や中国で起こっていた事態は、日本側が主張するほどに自明なものだったかという点について、次に考えたいのです。ことに、満洲における権益は、長い時間をかけて日本の歴代内閣が、そのときどきの中国政府の権力者とのあいだに締結してきた条約によって守られてきました。そうであれば、その間、条約締結の時点では想定できなかった問題からくる、日中双方の意見のずれも出てくるのではないでしょうか。

その最も顕著な例が、商租権（当事者商議による自由契約の土地貸借）問題です。これは、二十一ヵ条要求のうち、日中間に締結された「南満洲及東部内蒙古に関する条約」第二条に関係しています。第二条は、「日本国臣民は南満洲に於て、各種商工業上の建物を建設する為、又は農業を経営する為必要なる土地を商租することを得」との条項であり、最後通牒の圧力によって、当初の日本案どおりに決定されたものですが、中国側の抵抗の最も激しかった条文でもありました。

外国人の内地雑居は領事裁判権と密接な関係があります。そのため中国側は、外国人が開港地以外の内地に雑居し、かつ中国の法律に服さないというのでは、中国の主権の破壊になると主張し、領事裁判権を日本側が依然として持つ以上は、内地雑居を許可できないとの反論を展開しています。日本においても、不平等条約下におかれて治外法権を回復できなかったときには、外国人に内地雑居や内地貿易を許していなかったではないか、と中国側は反論していました。

実際、日本の姿勢も以前とは変わっていました。かつては、外国人が中国において治外法権を享有するのは、開港市居住者もしくは内地遊歴者に限り、広大な未開拓地に雑居する人民に裁判権を保有することは、外交上前例がないとの立場でした。しかし日本は、ロシアが外蒙古において土地商租権を獲得した事例（一九一三年十一月の中露協定、露蒙通商約定）を前例として、同様の特権を要求したのです。外交上前例がないと日本自身が認めていた商租権を、中国の行省に対して行使しようというのです。ロシアの事例である外蒙古は、中国にとって行省ではなく、周辺地域である藩部でした。どの列強も条約上獲得したことのない、強力な権利を日本側が獲得しようとしたこと、この点にまずはご注目ください。

次に、中国は結局この条文を認めるのですが、実はここに、解釈上の矛盾が生じることになりました。外交史家臼井勝美の優れた論稿が明らかにしているように、一九〇九（明治四十二）年、日清間（中華民国成立は一九一二年）に締結された間島協約で、日本側はすでに、清韓国境である豆満江北部の雑居地域間島（吉林省延吉、和龍、汪清の三県からなる地域。慣例として琿春県も包含する）内の韓国（大韓帝国）籍住民が関係する、民事・刑事いっさいの訴訟事件を、清国側の管轄に置くことを承認していました。しかし、その後の韓国併合という事態、さらには一九一五年の「南満洲及東部内蒙古に関する条約」第二条の成立により、雑居する日本人に対しては、土地訴訟以外、日本の法律が施行され、領事裁判権が雑居地まで拡大され、その際に間島在住の朝鮮人（もちろん併合後は日本臣民となっていました）の地位が変更されるか否かが問題となってきました。

一五年の条約は第八条で、満洲に関する日中間の現行条約は、本条約に別に規定するものを除き、いっさいこれまでどおりに実行すると規定していたからです。日本側が一九〇九年の間島協約を一五年の条約によって、確実に無効とするつもりであったのならば、一五年の条約あるいは交換公文において、「別に規定」しておくべきでありました。

しかし、それはなされませんでした。事実、外務省は当初、間島協約は特別の地方に関する条約なので、従前どおり効力を有すると解釈するのが公平であると判断していました。こうした外務省の見解は、一五年の条約は間島協約の効力になんら影響を及ぼさないとの、中国側の解釈と同じものでした。このような方針に対しては、さっそく、朝鮮総督府などから強い反対がよせられます。その圧力もあり、日本政府は、一五年八月十三日の閣議決定で、南満洲及東部内蒙古に関する条約によって、間島協約は消滅したとの立場をとることとし、朝鮮人を被告とする民事訴訟事件は、一律に日本領事が審理するとの方針を中国側に伝えます。

この決定は重要です。なぜなら、中国側としては、日本の領事裁判権に服する朝鮮人を多数、雑居地に抱えることになるからです。間島在住朝鮮人の司法的処遇をめぐって、日本側と中国側の条約解釈は当然のことながら、対立するでしょう。間島協約には、そもそも土地貸借についての規定はありませんでした。しかし、当事者商議による自由契約の土地貸借をめぐる問題が生じた場合、当事者間の司法的処遇が明確になっていなければ、問題は実態をともなわないことになります。そのため、司法的処遇をめぐる条約解釈が、商租権問題の実行に大きく影響することになったわけです。

問題をより深刻化させたのは、満洲にいる朝鮮人の数の多さと、その彼らが日本臣民として土地商租権を中国側に行使するときに予想される事態でした。一九二七年時点の満鉄による数字によれば、在満朝鮮人の数は八一万一五八〇人に達し、その半数が間島地域に在住すると見積もられています。間島協約と南満洲及東部内蒙古に関する条約という、二つの条約の整合性が、日中間の解釈上の対立を引き起こす根源にあったのです。

これまで、条約解釈上の、ある意味では煩瑣な問題を述べてきたのは、次のことを実証するためでした。日本の条約上の権利であった商租権の執行が中国官憲によって阻止された理由は、一九一五年の南満洲及東部内蒙古に関する条約を、中国側が自国の急進的なナショナリズムゆえに認めなかったからだ、あるいは、自由意思に基づいて締結された条約ではないといって認めなかったからだと、簡単に決めつけることはできないということです。

もちろん、朝鮮人の満洲定住に対しては、日本の政治的、経済的侵略の危険な先駆であるとの見方が中国官憲にはあり、朝鮮農民に対する措置に反日的なナショナリズムの影響があったこともまちがいないところです。しかし、日中両国の主張の差異は、基本的には、帝国主義外交の時代でも現代でも同様にみられる、条約解釈上のグレーゾーンから生じていたといえるでしょう。

条約解釈上の問題② 満鉄併行線禁止問題

中国側の条約違反といった場合、第一に言及されるのが、満鉄併行線禁止条項にからむ問題でした。石原・板垣とともに満州事変にかかわった満鉄調査課法制係主任松木俠が、事変の一年前、一九三〇年九月に執筆した「満蒙の東洋に於ける経済的地位」という文書のなかの「満蒙の国際関係」から、その問題をみておきましょう。

まず松木は、吉海鉄道（一九二九年八月竣工）を敷設することで、中国側が二つの「条約」（松木は条約と表現していますが、これはのちに述べるように、通常の意味での条約ではないので、括弧をふしてあります）に違反していると述べています。一つめの「条約」は、一九〇五年十二月二十二日の「満洲に関する日清条約附属取極」第三条です。わたくしはこの規定について、『日本外交年表竝主要文書』に従い、このような呼び方をしましたが、松木はこれを条約とし、「日清満洲善後条約に関する秘密協定」と呼んでいます。条文は以下のとおりです。

清国政府は南満洲鉄道の利益を保護するの目的を以て、該鉄道を未だ回収せざる以前に於ては、該鉄道付近に之と併行する幹線又は該鉄道の利益を害すべき枝線を敷設せざることを承諾す。

二つめの「条約」は、一八年九月二十四日、日中間になされた「満蒙四鉄道に関する交換公文」です。日本の資本家からの借款により、四つの路線を建設するとの中国政府声明を、日本側が了承したというかたちで交わされた取極でした。四つの計画線とは、①開原海龍―吉林間、②長春―洮南間、③洮南―熱河間、④洮南―熱河間の一地点より海港にいたる線をさします。この二「条約」があるにもかかわらず、中国側は、併行線を日本の借款によらず敷設したので条約違反であると、松木は述べていたのです。

松木が問題にしていた条約違反の鉄道例の二つめは、打通鉄道（一九二七年十月開通）についてでした。京奉鉄道打虎山駅から分岐し、黒山、八道溝、新立屯、彰武を経て四洮鉄道鄭通枝線の終点である通遼にいたる鉄道です。この鉄道が開通して、四洮および洮昂両鉄道と連絡するときは、満洲を南北に縦断する鉄道が完成することになり、一九〇五年の、「満洲に関する日清条約附属取極」第三条に違反している、といいます。こういった主張は、この時期の日本側の主張に共通してみられた論点でした。競争線を禁じた一九〇五年の取極に違反するだけではなく、条約上獲得された満鉄を死滅させるとの主張でした。

ここで、まず、この一九〇五年の取極が条約と呼べるものであるかどうかについての議論を紹介しておきましょう。たとえば、リットン報告書には、日本側が条約と呼んでいる取極が、「千九百五年十二月四日北京会議の第十一日目の会議録中に発見せらる」ことを指摘していました。つまり、条約ではなく、議事録上の文言であるけれども、たしかに存在するとの立場をリットン報告書ではとっています。

もちろん日本側は、リットンへ提出した一連の資料のなかで、これが、カーネギー国際平和財団によって出版された、ジョン・マクマリー執筆の『中国に関する条約集』にも記載されている条約であると反論しています。取極が条約と異なるのは、一般的に、調印、批准、批准書交換、公布などの手続きがなされない点にあります。調印の日時、全権の記名・捺印もなされないことが多いので、様式上は区別されます。

興味深い点は、日本側がこの権利を獲得してほどない一九〇八（明治四十一）年九月二十五日の閣議決定の文書などでは、併行線を禁ずるこの取極について、「日清会議録の正文及精神」と呼んでいたことです。同様に、翌年七月十三日の閣議決定の文書でも、「北京会議録中に存する明文」と呼んでいました。締結当時の感覚では、リットン報告書の指摘と同様、北京会議録中の約束であるとの、現実に即した認識が日本側にもあったのです。

さて問題は、取極か条約かどうかということよりも、この規定文中の「付近に之と併行する幹線」「利益を害すべき枝線」の定義をめぐって生じうるのではないでしょうか。「付近」「併行線」「利益を害すべき枝線」は、何をもって定義されるべきものでしょうか。中国側は、まず「付近」の定義について、欧米における慣行、つまり約一二マイルから三〇マイル以内の鉄道を、「付近」とするとの定義を採用していました。間隔を狭くとることで、たとえば、三〇マイル以上離れた地であれば敷設できるとの立場をとったわけです。

しかし、たとえば、一八九八年、露清銀行と中国当局が、正太鉄道に関して交わした契約によれば、該鉄道の両側各約三八マイル以内の競争線が禁止された例がありました。また、一九〇二年、北京山海関鉄道に関して、中国とイギリス間に交わされた協定第五項では、八〇マイル以内の鉄道の建設が禁じられるべきことが決められていました。こういった例をあげて、欧米における慣行に従うという中国側の主張が一貫したものではないと、日本側などは一九〇八年の時点から反論していました。三〇マイルが「付近」の慣例となることを不断に阻止していたわけです。

一方で、日本側においても解釈が揺れていました。たとえば、翌年七月十三日の閣議決定の文書中には、その解釈のゆれについて、率直に記されています。それは、中国当局が敷設を予定していると思われた錦州―チチハル間を結ぶ錦齊鉄道に対して、日本側のとるべき措置について考察した部分です。同鉄道が、満鉄の併行幹線にあたるのは間違いないけれども、「付近の」鉄道であるかどうかは、疑問だとしています。最短の部分で約一〇〇マイルあったからです。この時点では、一〇〇マイル離れた鉄道を「付近」と呼ぶ議論は成立しないとの自覚が日本側にありました。このように、「付近」「併行線」「利益を害すべき」という言葉は、曖昧なものでしたので、そのときどきの両国政府の力、借款の条件などによって、繊細な外交技術をもって再定義されていたというのが実情でした。

また、満鉄の利益を死滅させるための満鉄包囲網が形成されたという非難についても、それほど自明なものではありませんでした。日中両国の通貨の下落は、運賃体系と割引率という面で、満鉄と中国系鉄道との競争に、当然のことながら影響を与えていたでしょう。さらに、たとえば、ソ連に対する北満洲での軍事作戦上の必要性から、日本側が中国による北向きの鉄道敷設を積極的に許可していた時期がありました。ソ連侵攻に対抗するための鉄道敷設という、軍事的な観点によってみずから選択した政策が、結果的に満鉄との併行線の一部分を形成していたという因果関係です。

戦争をおこなうエネルギー

これまで、商租権の問題と、満鉄併行線禁止問題をとりあげて、やや細かく検討してきました。そもそもの問題となった条約あるいは取極が最初に日中間に締結されたときには未だ生きていたリアルな認識が、論争の過程で失われていったこと、そしてきわめて原理的な対立として、不退転の決意で問題化されてしまったことがわかります。満州事変が起こされる以前にすでに、完全な二分法による、絶対的な怒りのエネルギーが蓄積されていた様相がうかがえるのです。戦争をおこなうためのエネルギーの供給源は、まさに国際法にのっとって正しく行動してきた者が不当な扱いを受けたという、きわめて強い怒りの感情でした。

条約＝法を守る日本、法を守らない中国という、日本側の深い確信は、潜在的には一九二〇年代を通じて蓄積されてきたものでした。たとえば、北京政府と国民党の対立、北京政府内部の奉天派と直隷派の対立の際に、それぞれの勢力は往々にして当初の意図よりも過激な排外的ナショナリズムにうったえる傾向にありました。すなわち、中国国内の世論や勢力を味方にひきいれることを目的として、条約関係の廃棄合戦がしばしばおこなわれていたのです。また国民党内部の左右対立は、北伐の過程で、どちらがより反帝国主義的であるかを競い合いながら進行してゆきました。

しかし、九ヵ国条約がワシントン体制の中核的条約として評価できる点は、不平等条約の最たる内容であった関税率の改定と治外法権について、再検討する仕組みをあらかじめ設定してあったことです。中国もその条件に同意していました。中国に対する不平等条約は、交渉によって段階的に廃棄されるという事態が、一九二〇年代初頭には予想されていたのです。もちろん、既得権益をもつ列強は、同時に九ヵ国条約第一条第四項で、「友好国の臣民または人民の権利を減殺すべき特別の権利または特権を求めるため、中国における情勢を利用すること、およびこれら友好国の安寧に害ある行動を是認することを差し控えること」という「安全条項」などに、その既得権益を侵されない保障を見出していました。

ワシントン会議の席上、中国側は「事情変更の原則」(条約や法律は、その原点となる状況が変化しない場合のみ有効であるとする考え方)を掲げて、ともすれば、現行の外国人特権と、その特権を保障している条約を骨抜きにしようとしたため、さまざまな場面で、さまざまな列強から牽制されました。事実、ワシントン会議全権幣原喜重郎は、一九二二年二月二日、極東総委員会において、次のような陳述をおこなっています。

支那が自由なる主権国として締結したる国際的約定を廃棄せむが為、現に執らむとする手段に付ては、同意を表するを得ざるものなり〔中略〕何国と雖も、領土権其他重大なる権利の譲渡を容易に承諾するものに非ざることは言を俟《ま》たず。若し条約に依り厳然許与せられたる権利が、許与者の自由意思に出でざりしとの理由を以て、何時にても之を廃棄し得べきものとするの原則一旦承認せられむか、是れ亜細亜、欧羅巴其他到る処に於ける現存国際関係の安定に、重大なる影響を及ぼすべき極めて危険なる先例を開くものなり。

ある条約が、強要された状況で締結されたから廃棄してよいとの論拠を認めれば、たとえば、ドイツに巨額の賠償金を課したヴェルサイユ条約なども、ドイツ側によって廃棄されることになってしまうという論法で、幣原は、一九一五年の南満洲及東部内蒙古に関する条約の廃棄を求めた中国側の要求を明確に拒絶していたのです。こうして、三〇年代の日本人の感覚のなかに、中国=条約を遵守しない国とする認識が定着していきます。中国のそうした態度は、実は二〇年代からあったことなのだ、いやむしろ悪化したのだ、ワシントン体制維持に最も忠実であった幣原でさえ、すでに中国を批判していたのであるから、といった回路が生じるのです。自分たちは従来と同じことをやっているのに、相手の態度が変わって迷惑をこうむった、けしからんという認識の枠組は、原理的な対立をより深めることになるはずです。

条約上の解釈からいって当然ありうるグレーゾーンを無視して、ある国にとにかく条約を守らせようとする日本側の姿勢を述べてきましたが、この姿勢について、どこかでみたことがあると思われた方もいるでしょう。この姿勢は、すでに第七講に出てきています。排日移民法を、国際法の威厳にかかわる問題として、国際連盟などに付議していこうと参謀本部が息巻いた、あの一件です。二四年の時点で参謀本部が予想していたような事態、つまり日本からみて不当な国の非を国際的に暴こうとする姿勢が、満州事変後、現実となったわけです。もちろんその発端は、日本による満鉄線爆破という謀略によって作為されたものでしたが。

こうして国民のなかに、連盟における調査と調査団の報告を、あたかも国際法の威厳が試される場として、黒白の審判が下される場として、非常に大きな期待をもって注視してゆくという感情がめばえます。しかし、リットン調査団が有能であればあるほど、先に述べたような、条約解釈上のグレーゾーンが浮かびあがってこざるをえません。実際、リットン報告書は日本の主張と中国の主張の双方を認めた内容だったのです。ところが、日本国民のなかに定着した中国に対する不信感と国際法への過剰な期待ゆえに、リットン報告書は日本への全面的な糾弾だとみなされることになりました。

リットン報告書の立場

リットン卿を委員長とするリットン調査団は、一九三一年十二月十日の連盟理事会決議によって組織されたものでした。調査団が判断を下している部分は、膨大な報告書のなかでも三ヵ所しかない、とリットンはある講演のなかで述べています。それをまずみておきましょう。一つめは、九月十八日の関東軍の行動は自衛行動ではないが、関東軍将校たちが自衛と考えて行動した可能性については否定しないとの判断です。二つめは、満州国独立は、中国の主権の尊重と行政的統一を図る九ヵ国条約に抵触するとの判断です。三つめの判断は、前段で、日本の経済的権益擁護の必要性について述べ、後段で、満洲を中国の国民性と切りはなすことはできないとの認識を示した部分にありました。

報告書は、張学良政権の満洲復帰も、満州国の存続も、ともに認めないものでした。連盟理事会が中国と日本を招請し、東北についての行政組織を考えるための諮問委員会を組織する、そして、国民政府から広範な自治権を付与された政権をつくるため、日中双方と、日中おのおのが推薦する満洲地域の現地代表者を加えた、三者による直接交渉によって最終的解決を図るべきである、と提言していました。

注目すべきは、報告書や附属書が、日本側の主張していた経済的権益の侵害について、ほぼ認める記述をしていたことです。いわく、①日本は、ここに記述されているような中国の無政府状態により最も苦しんだこと、②現在の状態で、中国の法律・裁判・課税に服従させられるとしたら、これによって最も苦しむのは日本であること、③外国品と国産品に対する、中国側鉄道の差別的運賃体系が不当なこと、④東北政権による大豆買付手段による通貨の操縦が、地域民衆の収奪につながる恥ずべきものであること、⑤近代国家および近代的国際関係の見地からみて、反日ボイコットの方法が不当かつ違法なものであり、にもかかわらず中国官憲・法廷が適切な抑圧措置をとらな

満洲の現地調査を終えて最終報告書作製のために来日したリットン調査団（前列中央がリットン卿）

かったという点で、国民政府には責任がある、と認めたものでした。

しかし、中国への国際法的な審判が下されることを期待していた国民が、この非常によくできた報告書に非難の言葉をぶつけるのは、ある意味では必然的なことでした。このように、国際法の威力によって他国の日本に対する姿勢を改変させようとする、日本側の原理主義的な姿勢は、一九二〇年代にはすでに生まれていたものですが、三〇年代の満州事変によって、巨大なエネルギーを新たに供給されて、太平洋戦争を準備してゆく国民的な心性を形成したといえるでしょう。

アメリカの新しい法体系の恩恵と拘束力

たしかに、満州事変は、日中戦争、太平洋戦争へとつながってゆく最も大きなターニングポイントでした。しかし、満州国が熱河省までをその支配領域におさめ、一九三三(昭和八)年五月三十一日、関東軍と中国軍のあいだに塘沽停戦協定が締結されると、長城線が実質的に満州国と中国の「国」境となり、日中間に一定の安定がもたらされます。同年三月二十七日に連盟を脱退した日本は、満州国と条約を締結することで、これまでの日中間の懸案を解決し、それ以降は連盟による多国間協調方式ではなく、日ソ、日中、日英、日米といったような、二国間の協調を個別に積み重ねる外交方針をとりました。

ヴェルサイユ・ワシントン体制の本質が、経済的協調をバックボーンとするものであったとすれば、世界恐慌を直接的な起因として、英仏の対米戦債問題（アメリカが英仏などの戦債支払い延期に理解を示そうとしなかったことからとくに米仏が対立）や、各国の国家主義的な貿易再編の方向（帝国内の特恵関税などで自国だけが不況から回復しようとする姿勢）で経済的な協調が困難になったとき、体制そのものの存続も困難になっていくはずでした。

しかし、世界恐慌から回復に向かいつつあったアメリカで、さすがに、この傾向に歯止めをかけ、アメリカを中心とする世界の再建を意図した改革が始まります。三三年三月に成立したローズヴェルト政権は、自国の利害をヨーロッパから切りはなしておくという孤立主義的な方策をとり続ける一方で、互恵通商協定・中立法などを通じた、アメリカのヘゲモニー確立のための政策にとりくむようになったのです。

三四年六月に制定された互恵通商協定法は、アメリカと相手国とのあいだに通商協定を次々に結ぶことで関税障壁を低くし、世界恐慌以降、各国が採用した二国間の清算制度や、自国と植民地間だけで貿易をおこなう経済的国家主義的風潮を、アメリカの力でなくそうとするものでした。経済的に良好な関係を築けないところでは、政治的に良好な関係を築けないとの信念を抱いていたハル国務長官は、アメリカが相手国とのあいだに獲得した最恵国条款を他国にも均霑させることで、世界貿易を恐慌前の活気ある状態に復そうとしたのです。

しかし、これは当然のことながら、アメリカの経済的な世界戦略に合致するものでもありました。イギリス帝国内へのアメリカ経済の浸透と、南米への影響力を強めていたドイツの影響力をそごうとするねらいがあったのです。また、他国に差別的な貿易をおこなっているとして、アメリカによってブラックリストに載せられた国々とは協定を結ばないという威嚇的な側面ももっており、実際に、ドイツなどはブラックリストに載せられてしまいます。日本は、多くの資金や原材料をアメリカに依存していたため、両国の経済関係は、決して悪いものではなく、三〇年代を通じて日本は、原則的に、このアメリカの世界経済回復プログラムが日本にとっても有効であることを認めていました。

一方アメリカは、孤立主義政策を維持しながらも、条約の義務を侵犯するような国に戦争を思いとどまらせるための、ある程度、対外的にも強制力のある法を、国内法として整備します。これが、一九三五年八月に制定された中立法です。中立法は、内容を充実させる方向で何度か改正され、三九年十一月の改定でそのかたちを整えました。その主な内容は、①交戦国双方への兵器類の禁輸(三九年の改正で禁輸は解かれ、交戦国自身の負担による現金・自国船輸送とされた)、②交戦国船舶によるアメリカ国民の旅行の制限、③交戦国の公債・有価証券について、金融上の取引制限、資金供与の禁止、④兵器生産に関係のある物資・原材料の輸出制限又は禁止の権限を大統領に付与する、⑤兵器・軍用資材などの原料以外の物資・原材料についても、現金・自国船輸送、というものでした。

アメリカが戦争に巻きこまれる可能性を極力少なくしておきながら、アメリカの絶大な資金力、無尽蔵の原材料、ニューヨークの金融市場の価値を逆手にとって、戦争を起こそうとする国を牽制しようとする戦略的な法でした。公債発行や為替取引をアメリカ金融市場に依存している国、軍需品の生産に必要な工作機械や軍需品そのものをアメリカにあおいでいる国は、アメリカ中立法の適用を避けようとするでしょう。中立を標榜するアメリカを敵としなければならないのであれば、たいていの国は戦争について再考するだろうと予想されました。軍需物資の輸入や金融市場への依存ということで、アメリカに多くを負っていた日本は、まさに、このアメリカ中立法によって、最もよく牽制されるはずの国だったことがわかります。実際、アメリカのこの戦略は、のちに、日中戦争の進行状況に大きな影響を与えてゆくことになりました。

ここまでの記述で明らかにしたかったことは、次の点です。満州事変後、日本はただちに世界的に孤立していったのではない、ということ。そして、互恵通商法と中立法という、国内法でありながら対外関係を律することのできるアメリカの新しい法体系に、日本がみずからのメリットを見出しているあいだは、また、アメリカが日本をこの法体系の下に置き、有効に牽制できているあいだは、日米関係に急激な変化は起こりえない状態にあったということです。

ソ連の軍事的脅威と石原の再登場

一九二八年に始まったソ連の五ヵ年計画が成功裏に終わり、第二次五ヵ年計画も半ばをすぎた三五年には、ソ連の軍事力は驚異的なレベルにまで強化されていました。同年末には、ソ連が極東に配備できる飛行機が九五〇機であったのに対して、日本のそれは二二〇機にしかなりませんでした。なによりも日本側を驚かせたのは、ソ連が、日本全土をカバーできるTB5型長距離爆撃機の極東配備を決定していたことでした。

満州事変の計画者であった石原莞爾は、このころ、参謀本部作戦課長の地位についていました。三五年ごろになると石原は、満州事変時にみずからが構想していた対米戦争の構想を、あまりに旧式の自由主義思想に毒された発想であったと深く悔いるようになっていました。

恐慌下における農村問題の解決は政党政治によってではなしえない、農民の味方は陸軍であるとのスローガンが、陸軍の政治的資源になることを十分自覚していた石原でありましたが、ソ連に対抗する必要上、農村を救済できる可能性ももっていたそれまでの陸軍の経済改革路線をかなぐり捨てて、財閥や経済界との密接な連携に走ります。五年間、どこの国とも戦争をしないことで、日満両国の重工業化を成しとげてしまおうとするものでした。対ソ戦への危機感こそが、石原をして金融界の重鎮結城豊太郎や、財閥の大御所池田成彬らとの共闘を選択させた要因であり、林銑十郎内閣が結城を蔵相として、池田を日銀総裁として迎えた大きな理由でした。

華北（河北省・察哈爾《チヤハル》省・山東省・山西省・綏遠省）の経済支配が、北支那開発会社によって、満鉄や興中公司を排除して実質的に財閥主導でなされていったのは、対ソ戦を可能とする国防態勢の確立が急がれたからでした。ここに、華北への経済的支配を強化しようとする日本と、それを防ごうとする中国との対立が、ふたたび胚胎されてゆくことになります。

日中戦争の勃発とアメリカ中立法

満洲を切りはなした中国本部に対して、日本は、貿易と企業の市場とする方向で臨みましたが、関東州と満洲を除いた中国本部と日本の貿易は、三二年から三七年で半減します。関東州と満洲での増加分を加えてもなお、補いきれないものでした。原因は、満州国を傀儡国家化した日本に対しての、ある意味、当然の対抗的ボイコットと、完全に関税自主権を回復した中国が保護主義的関税政策をとったことによる日本製品の不振にありました。

重化学工業化を進めていた日本にとって、中国貿易の後退は深刻に受けとめられました。そこで、関東軍や支那駐屯軍（義和団事件の北京議定書によって駐兵権を獲得）は、蔣介石の全国統一に妨害を加えることで、国民政府の対日政策を親日的なものに変えようと圧力をかけるようになりました。こうして、華北から、国民党、国民政府中央軍、東北軍（張学良軍）が、まずは日本の軍事力によって駆逐されました。

日中戦争の発端は、一九三七（昭和十二）年七月七日、北平（北京）にほど近い、永定河にかかる蘆溝橋河畔における、支那駐屯軍と中国第二九軍間の偶発的な軍事衝突事件にありました。中国で勃発した戦争に対して、アメリカは中立法の適用を宣言することで、日本に戦争の拡大を思いとどまらせようとします。ところが、アメリカの戦争抑止プランに、大きな問題が生じます。アメリカが中立を宣言すれば、①日本に対する戦争を戦う中国国民の士気を低下させるだけでなく、②弾薬や軍用器材の供給を外国に依存し、船舶も外貨も少ない中国が、アメリカ市場から物資を購入できない事態となり、③アメリカ人の飛行操縦教官などが中国に渡航できない事態が生じます。そのため中国政府が、アメリカに中立法を適用しないよう要請したのです。

また、アメリカにとっても、戦争状態の宣言をともなう中立法の適用が、問題の多いこともわかってきました。日中間の戦争を、アメリカが戦争と認定し中立法を適用すると、日本は交戦国の権利として、アメリカ船の臨検、戦時禁制品の捕獲を実行できるようになります。三五年十月、イタリア・エチオピア間の戦争には中立法を適用したアメリカでしたが、今度は躊躇せざるをえませんでした。なぜなら、アメリカとエチオピアの貿易品で、イタリアに拿捕されて困るようなものはなかったのですが、アメリカと中国の貿易品は、それとは比較にならないくらい重要だったからです。中国との貿易量を拡大しつつあったアメリカは、中立法適用に慎重にならざるをえませんでした。

そして日本にとっても、この中立法は実は深甚なる影響をもたらしたのです。中国に宣戦布告をすれば、アメリカも中立法を適用せざるをえなくなります。しかし、五年は戦争をおこなわず、重化学工業化に邁進しようとしていた矢先に戦争が勃発したので、日本としては、物資と資金の最大の供給国アメリカとのあいだの経済的絆を切ってしまうことになる中立法適用は何よりも避けなければならないことでした。日本側は、中立法適用の可否について慎重に検討した結果、宣戦布告をおこなわないことに決定しました。それでは、宣戦布告をしないことで、いったいどのような影響が生じてくるのでしょうか。

宣戦布告の可否についての判断

宣戦布告の有利な点は、①日本の艦隊によって中立国船舶の臨検、戦時禁制品の輸送防《ぼう》遏《あつ》、戦時封鎖が可能となるので、載貨押収などにより、中国の戦闘力を減殺できること、②軍事占領・軍政施行など交戦権の行使ができる、③賠償を適法に請求できる、との三点に集約できます。不利な点は、①中立法の発動により、貿易・金融・海運・保険に及ぼす影響大、②中国に有する治外法権・租界などの条約上の権利を喪失する、③不戦条約、九ヵ国条約違反を非難される、の三点でした。

宣戦布告しないとの政府決定に、出先の軍は批判的でした。たとえば、寺内寿一(北支那方面軍司令官)は三七年九月の時点で、「速やかに宣戦して、南京を攻略し、徹底的に膺懲《ようちょう》」すべきだと主張しています。宣戦布告すれば、先に述べた三つの点で、中国を軍事的に有効に圧迫できるからです。寺内の反対の骨子は、宣戦布告、中国の首都南京の制圧、賠償請求、華北に傀儡政権をつくらず、という伝統的な戦争観によるものでした。

しかし、中立法の適用を避け、不戦条約違反との批判を避けるためには、宣戦布告はできず、交戦国に認められた権限も行使できず、軍政も施行できません。そこで、それならば、中国人を表面に立てて、傀儡政権を樹立し、それを通じた占領地工作による事態収拾を選択するグループも出てきます。日中戦争の早い段階で、閣議でさしたる議論もないままに現地政権(華北の臨時政府、華中の維新政府)形成へ向けて動き出す背景には、以上のような経緯がありました。現地で、このような政治指導にあたるのは、出先の軍の命令系統による部署ではなく、陸軍中央と直接結びついた、特務機関の軍人たちです。彼らは、新しい時代に応じた、新しい戦争形態を支持する戦争観に立っていました。しかし、伝統的な戦争観をもつ軍人たちからすれば、特務機関主導の傀儡政権樹立工作などは、戦争を長期化させるだけだと考えられました。彼らは、中国に宣戦布告し、首都を攻撃し、南北の大規模な作戦の連結によって、決定的なダメージを国民政府中央軍に与えるような戦争指導を要求するのでした。あるべき戦争観をめぐる両者の対立は激しく、その結果、現実の日中戦争の全過程は、双方の戦争観を混在させた戦争指導によってもたらされてゆくことになります。

宣戦布告なしの戦争は、戦後の感覚からすれば、卑怯、不道義しか意味しません。しかし、宣戦布告のない戦争の形態は、不戦条約によって戦争が違法化された時代、また、中立法によって宣戦布告の意味が従来とは異なってくる事態となった時代にあって、ある意味、必然的に生じてくるはずの戦争形態であったのです。こうして、不戦条約と中立法とによって規定され、日本、中国、アメリカのいずれの国もがそれを戦争と呼ばないことに利益を見出す、実に奇妙な戦争が、太平洋戦争勃発まで四年以上も戦われることになりました。

一九四〇年初頭の数字によれば、このとき中国にいた支那派遣軍は八五万人の規模にふくらんでいたことがわかります。そして太平洋戦争の前までに、すでに二〇万人ほどの戦死者を出していました。満洲における既得権益問題が、満州国建設によって解決されてしまった以上、条約を守らない中国への憎しみの感情のみで、これだけの規模の軍隊を動員し、これだけの死者を出し続けることは不可能です。

なぜ戦わなければならないのか、戦争目的の設定が急がれました。しかし、ここでも中立法が邪魔をします。宣戦布告をしていないので、賠償金も、新たな土地の割譲も望めない戦争に、どうやって国民の士気を集中させればよいのでしょうか。政府はここで深いジレンマに立たされることになります。

日中戦争から太平洋戦争へ

日本の深いジレンマを考える前に、日中両軍の偶発的な衝突から始まった日中戦争が、いやおうなく欧州やソ連の情勢とリンクしてゆく状況をまずはおさえておきましょう。入江昭はこれを、日中戦争の国際化、という概念で説明しています。

一九三八年に起こった次の五つの事象を契機として、日中戦争は、激変しつつある世界情勢の変数として組みこまれてゆきました。①ドイツが五年間にわたる中国援助の実績を放棄し、対日接近を明確にするという政策転換をおこなったこと、②日本が蔣介石の国民政府を、中国の正統な政府として認めないとの政策を打ち出し、親日政権樹立を画策した上で、長期持久戦態勢に入ったこと、③英米両海軍の共同戦略会議が、秘密裏にロンドンで開始されたこと、④ソ連内に対日強硬論が生まれ、これまでの中国援助策以上の、対日強行策を選択する動きがみられるようになってきたこと、⑤イギリスが日本へある程度の宥和姿勢をみせたため、日本のなかにイギリスに圧力をかけて日中戦争を解決しようとする気持ちが生じたこと。

イギリスは、来るべき戦争に備えるために、帝国の防衛順位を決めました。その上で、一九三八年九月三十日にミュンヘン協定を成立させ、ドイツに対する宥和をおこない、日本に対しても、その対アジア政策を軟化させたのです。一方、ドイツは同年五月十二日、独満修好条約の締結に踏みきり、満州国を承認しました。

ナチス・ドイツとファシスト・イタリアと日本帝国による陣営が着々と形成されつつあるなかで、イギリスの防衛順位は、大西洋と地中海に限定されました。そして極東から太平洋一帯においてイギリスのなす術はないと知らされたとき、アメリカに残された道は非常に限られたものになりました。それは、第一に、中国を自己の陣営から離脱させないこと、第二に、ソ連を日独伊の陣営に加わらないようにしておくことでした。アメリカの外交史家ウオルドゥ・ハインリクスが明快に述べているように、一九四一年六月の日本の南部仏印進駐、七月の関特演（関東軍特種演習の略称。演習とは名ばかりで、現実には対ソ連戦準備のための軍事行動）に対して、アメリカが在米日本資産凍結、対日石油禁輸という強硬手段で応じたのは、大部分、ソ連に対するアメリカの援護と解釈できます。日中戦争が世界の陣営の二分化を促進し、その結果、中国とソ連を媒介として日米対立が前面に出てくるという構造でした。

このような国際情勢を前にしたとき、日本政府は先ほど述べた深いジレンマに対して、どのように対処したのでしょうか。国民が心から受けとめられる戦争目的を、どのように設定していったのでしょうか。それについては、三谷太一郎による説明が一番明快です。三谷は、東京帝国大学行政学教授で近衛文麿のブレインでもあった蠟山政道の日中戦争観を分析することで、この問いに答えています。蠟山は、東亜新秩序という地域主義理論を考案しました。そして、日中戦争が戦われなければならなかった理由を、次のように説明したのです。——日本の軍事力によって打破されなければならない二つの障害があったからである。一つは中国民族主義であり、一つは中国民族主義を利用し、そのためにこれと提携した西欧帝国主義である——。東アジアの地域主義的な秩序原理に反対し、それを認めようとしないのが、中国の民族主義（ナショナリズム）であり、それを後援する西欧の帝国主義だというのです。

かつて、満州事変期においては、中国の国権回収運動や革命外交を支えていたものこそ、中国の民族主義(ナショナリズム)であるとの認識が日本側にはありました。つまり、その当時の日本にとって中国のナショナリズムが問題にされた理由は、それが、条約などの国際法、すなわち、西欧的秩序の基本要素を中国が守らないとされたからでした。ところが、それから十年あまりたった太平洋戦争の時期にあたって、中国のナショナリズムが問題とされた理由は、「西欧的秩序の基本的要素の一つである主権的独立をもった民族国家」という形式に、中国が拘泥しているからというのです。中国を測定する日本側の軸が、明らかに変化しているのです。

ナショナリズムが、第一次世界大戦後、ヨーロッパ世界において果たしてきたような普遍的秩序原理としての歴史的役割は、もうとっくに終わっているのに、中国国民政府はそれを理解しない、といって非難の対象にしてゆきます。近衛のブレインとして有名な昭和研究会の三木清、尾崎秀実などは、アジアの状態と農業生産の実態を半封建・半植民地と位置づけ、そのアジアの貧しさを招来したものこそ、ナショナリズムの対立を同一平面上で解決しようとしたウィルソン流の民族自決理論であったとみなします。ナショナリズムはもはや、アジアを救済する原理にはなれない、中国民族が生きのこるためには、民族を超えた地域的連帯が必要なことに気づかねばならないというのです。日本、中国、満洲が

「運命を同じくする三国の超国家体」として協同する以外に、アジアの農業問題の同時的解決はありえないとの、ゆるぎない確信がその背景にはありました。

こうした認識を妨げているのが中国のナショナリズムであるから、その担い手である国民政府と、それを支える中央軍は打倒されなければならないし、それを援助する英米の帝国主義国家も打倒されなければならない、と説明されるのです。

つまり、ここでは、アジアの生産性を協同して向上させて、半封建・半植民地的な地位から脱出するために、新秩序建設の必要性があると構想されているわけで、日中戦争で日本が中国に武力侵攻している事態をも、この理論では、正当化することが可能になるのです。

一九四一年四月十六日から正式に開始された日米交渉については、多くの優れた研究に譲り、ここでは大本営陸軍部の幕僚たちが、日米交渉の破局（ハル・ノート）をどう迎えたかを示す史料を引いておきます。

米の回答全く高圧的なり、而も意図極めて明確、九国条約の再確認是なり。対極東政策に何ら変更を加ふるの誠意全くなし。交渉は勿論決裂なり。之にて帝国の開戦決意は踏切り容易となれり、芽出度〳〵、之れ天佑とも云ふべし。之に依り国民の腹も堅まるべし、国論も一致し易かるべし。

(『大本営陸軍部戦争指導班機密戦争日誌』)

同年十二月八日午前三時十九分(日本時間)、海軍航空部隊のハワイ真珠湾奇襲が開始されました。よく知られているように、この奇襲は、アメリカの国論を一挙にまとめあげ、ハル・ノートが日本に与えた以上の「天佑」をアメリカ側に与えることになったのです。

【第九講の参考文献】

マーク・ピーティー『「日米対決」と石原莞爾』
和田春樹「ソ連システムの挑戦とコスト」、東京大学社会科学研究所編『20世紀システム 1』、東京大学出版会、一九九八年
臼井勝美『日中外交年表草稿 1905―1945』、クレス出版、一九九八年
同 「南満東蒙条約の成立前後」、栗原健編著『対満蒙政策史の一面』、原書房、一九六六年
日本国際政治学会太平洋戦争原因研究部編『太平洋戦争への道 2』、朝日新聞社、一九八七年、新装版
小林龍夫・島田俊彦解説『現代史資料 7 満洲事変』、みすず書房、一九六四年
外務省編刊『日本外交文書 満洲事変 第2巻第1冊』、一九七九年
外務省編刊『日本外交文書 満洲事変 別巻』、一九八一年
山本有造編『「満洲国」の研究』、緑蔭書房、一九九五年
松原一雄『満州事変と不戦条約、国際聯盟』、丸善、一九三二年

国際聯盟協会編刊『日支紛争に関する国際聯盟調査委員会の報告附属書』、一九三三年
「阪谷芳郎文書」東京大学社会科学研究所所蔵
北岡伸一「ワシントン体制と『国際協調』の精神」、『立教法学』二三号（一九八四年）
服部龍二『東アジア国際環境の変動と日本外交　1918―1931』、有斐閣、二〇〇一年
三谷太一郎「国際金融資本とアジアの戦争」、『年報　近代日本研究　2』、山川出版社、一九八〇年
同『近代日本の戦争と政治』
拙稿「リットン報告書」、『歴史と地理』四八七号（一九九六年三月）
拙著『模索する一九三〇年代』、山川出版社、一九九三年
中村隆英『戦時日本の華北経済支配』、山川出版社、一九八三年
国務省史料　611.93&611.94　アメリカ国立公文書館所蔵
入江昭『太平洋戦争の起源』、東京大学出版会、一九九一年
浅田喬二編『日本帝国主義下の中国』、楽游書房、一九八一年
伊藤隆『近衛新体制』、中央公論社、一九八三年
田嶋信雄『ナチズム極東戦略』、講談社、一九九七年
細谷千博ほか編『太平洋戦争』、東京大学出版会、一九九三年
軍事史学会編『大本営陸軍部戦争指導班機密戦争日誌　上』、錦正社、一九九八年
波多野澄雄『幕僚たちの真珠湾』、朝日新聞社、一九九一年

あとがき

一九三〇年代日本の軍事と外交を専門とするわたくしは、これまで、明治憲法体制や大正デモクラシー体制の解体をなりわいとしてきました。そのような人間が、明治維新期から太平洋戦争までの時期を対象として、為政者や国民が世界情勢と日本の関係をどのようにとらえ、どのような筋道で戦争を受けとめていったのか、その論理の変遷をおってみようとの、疲労困憊すること必定のテーマを設定したのには、わけがありました。

一九九四年、現代新書への執筆を、当時、講談社のPR雑誌『本』編集長であった堀越雅晴氏から勧められたとき、わたくしの念頭にあったのは、山口定《やすし》氏の言葉でした。それは、「二度と戦争は起こさない」という誓いが何回繰り返されても、今後起こりうる悲劇の想定に際して、起こりうる戦争の形態変化を考えに入れた問題の解明がなくては、その誓いは実行されないのではないか、といった内容でした(『戦争責任・戦後責任』)。

戦争責任について容易に論ずれば、「誠実を装った感傷主義か、鈍感な愚しさか、それとも威張りちらした居直りか」になってしまうと喝破したのは丸谷才一氏でしたが(『雁のたより』)、この山口氏の静かなる提言は、たしかにわたくしの心に届きました。感傷主義でもなく、居直りでもなく、戦争や戦争責任を論ずることができるのではないか、と。

日本の近現代史をながめてみただけでも、新しく起こされる戦争というのは、以前の戦争の地点からは、まったく予想もつかない論法で正当化され、合理化されてきたことがわかります。そして、個々の戦争を検討すると、社会を構成する人々の認識が、がらりと変わる瞬間がたしかにあり、また、その深いところでの変化が、現在からすればいかに荒唐無稽にみえようとも、やはりそれは一種の論理や観念を媒介としてなされたものであったことは争えないのです。

わたくしのやったことは、いくつかの戦争を分析することで、戦争に踏み出す瞬間を支える論理がどのようなものであったのかについて、事例を少し増やしただけなのかもしれません。歴史は、一回性を特徴としますから、いくら事例を積み重ねても、次に起こりうる戦争の形態がこうだと予測することはできないのです。ただ、こうした方法で過去を考え抜いておくことは、現在のあれこれの事象が、「いつか来た道」に当てはまるかどうかで未来の危険度をはかろうとする硬直的な態度よりは、はるかに現実的だといえるでしょう。

慣例によって最後になりましたが、本書の編集を担当してくださいました小林哲氏、高橋明男氏は、新書のプロとしての、見事な連携プレーで、どうやらこの本をかたちあるものにしてくださいました。心よりお礼申し上げます。

そして本当に最後にしますが、わたくしにとって格別に愛着のあるこの本を、父昇治と母幸江に捧げたいと思います。

二〇〇二年二月

加藤陽子

N.D.C.392 294p 18cm
ISBN4-06-149599-2

講談社現代新書 1599

戦争《せんそう》の日本《にほん》近現代史《きんげんだいし》——東大式《とうだいしき》レッスン! 征韓論《せいかんろん》から太平洋戦争《たいへいようせんそう》まで

二〇〇二年三月二〇日第一刷発行 二〇二五年一〇月二日第三六刷発行

著者 加藤陽子《かとうようこ》 ©Yoko Kato 2002

発行者 篠木和久

発行所 株式会社講談社
東京都文京区音羽二丁目一二―二一 郵便番号一一二―八〇〇一

電話 〇三―五三九五―三五二一 編集(現代新書)
〇三―五三九五―五八一七 販売
〇三―五三九五―三六一五 業務

カバー・表紙デザイン 中島英樹

印刷所 株式会社KPSプロダクツ

製本所 株式会社KPSプロダクツ

定価はカバーに表示してあります Printed in Japan

「講談社現代新書」の刊行にあたって

教養は万人が身をもって養い創造すべきものであって、一部の専門家の占有物として、ただ一方的に人々の手もとに配布され伝達されうるものではありません。

しかし、不幸にしてわが国の現状では、教養の重要な養いとなるべき書物は、ほとんど講壇からの天下りや単なる解説に終始し、知識技術を真剣に希求する青少年・学生・一般民衆の根本的な疑問や興味は、けっして十分に答えられ、解きほぐされ、手引きされることがありません。万人の内奥から発した真正の教養への芽ばえが、こうして放置され、むなしく滅びさる運命にゆだねられているのです。

このことは、中・高校だけで教育をおわる人々の成長をはばんでいるだけでなく、大学に進んだり、インテリと目されたりする人々の精神力の健康さえもむしばみ、わが国の文化の実質をまことに脆弱なものにしています。単なる博識以上の根強い思索力・判断力、および確かな技術にささえられた教養を必要とする日本の将来にとって、これは真剣に憂慮されなければならない事態であるといわなければなりません。

わたしたちの「講談社現代新書」は、この事態の克服を意図して計画されたものです。これによってわたしたちは、講壇からの天下りでもなく、単なる解説書でもない、もっぱら万人の魂に生ずる初発的かつ根本的な問題をとらえ、掘り起こし、手引きし、しかも最新の知識への展望を万人に確立させる書物を、新しく世の中に送り出したいと念願しています。

わたしたちは、創業以来民衆を対象とする啓蒙の仕事に専心してきた講談社にとって、これこそもっともふさわしい課題であり、伝統ある出版社としての義務でもあると考えているのです。

一九六四年四月　　野間省一

哲学・思想Ⅰ

66 哲学のすすめ――岩崎武雄
159 弁証法はどういう科学か 三浦つとむ
501 ニーチェとの対話――西尾幹二
871 言葉と無意識――丸山圭三郎
898 はじめての構造主義 橋爪大三郎
916 哲学入門一歩前――廣松渉
921 現代思想を読む事典 今村仁司 編
977 哲学の歴史――新田義弘
989 ミシェル・フーコー 内田隆三
1001 今こそマルクスを読み返す 廣松渉
1286 哲学の謎――野矢茂樹
1293 「時間」を哲学する――中島義道
1315 じぶん・この不思議な存在―鷲田清一
1357 新しいヘーゲル――長谷川宏
1383 カントの人間学――中島義道
1401 これがニーチェだ――永井均
1420 無限論の教室――野矢茂樹
1466 ゲーデルの哲学――高橋昌一郎
1575 動物化するポストモダン 東浩紀
1582 ロボットの心――柴田正良
1600 ハイデガー＝存在神秘の哲学――古東哲明
1635 これが現象学だ――谷徹
1638 時間は実在するか 入不二基義
1675 ウィトゲンシュタインはこう考えた 鬼界彰夫
1783 スピノザの世界――上野修
1839 読む哲学事典――田島正樹
1948 理性の限界――高橋昌一郎
1957 リアルのゆくえ――大塚英志 東浩紀
1996 今こそアーレントを読み直す――仲正昌樹
2004 はじめての言語ゲーム――橋爪大三郎
2048 知性の限界――高橋昌一郎
2050 超解読！ はじめてのヘーゲル『精神現象学』 竹田青嗣 西研
2084 はじめての政治哲学 小川仁志
2099 超解読！ はじめてのカント『純粋理性批判』 竹田青嗣
2153 感性の限界――高橋昌一郎
2169 超解読！ はじめてのフッサール『現象学の理念』――竹田青嗣
2185 死別の悲しみに向き合う――坂口幸弘
2279 マックス・ウェーバーを読む――仲正昌樹

A

哲学・思想Ⅱ

政治・社会

日本史Ⅰ

日本史Ⅱ

世界史Ⅰ

世界史Ⅱ

J

日本語・日本文化